I.R.C.

Configuration et utilisation

Alain PARIÈS

I.R.C.

Configuration et utilisation

Éditions O'REILLY
18 rue Séguier
75006 Paris
e-mail : *france@ora.com*

Cambridge • Cologne • Paris • Sebastopol • Tokyo

I.R.C. — *Configuration et utilisation*

Alain PARIÈS

Couverture conçue par Hanna Dyer

Les programmes figurant dans ce livre ont pour but d'illustrer les sujets traités. Il n'est donné aucune garantie quant à leur fonctionnement une fois compilés, assemblés ou interprétés dans le cadre d'une utilisation professionnelle ou commerciale.

ISBN : 2-84180-030-3

Table des matières

Préface

L'*Internet Relay Chat* est sans aucun doute le plus connu des systèmes de communication multi-utilisateurs en temps réel présent sur Internet. Il ne s'agissait à l'origine que d'un simple programme destiné à devenir un BBS (*Bulletin Board System*) qui, en plus des fonctions classiques, permettrait de communiquer en temps réel, et de supporter un système de discussion du style Usenet. IRC fut la première partie de ce BBS écrite, et la seule car il devint évident pour son auteur, Jarkko Oikarinen, que chaque fonction devait être supportée par un programme différent.

Né à la fin du mois d'août 1988 à l'Université d'Oulu en Finlande, IRC ne comptait alors qu'une petite dizaine d'utilisateurs. Il y a désormais des dizaines de réseaux distincts, régionaux et internationaux, chacun ayant sa propre philosophie, son propre but. De nos jours, le nombre d'utilisateurs est estimé à un demi-million, sans compter les intranets professionels. Les fournisseurs de services Internet américains estiment que près d'un tiers de leurs clients veulent un accès à l'IRC.

L'essor et la popularité d'IRC sont mis en évidence par l'intérêt que lui portent les grandes companies tels que Netscape et Microsoft.

Malgré cette popularité, IRC n'en reste pas moins craint et/ou méprisé par bon nombre de personnes, qui ne voient dans ceci qu'un jouet pour adolescents aux qualités interpersonnelles déficientes. Il n'est pas rare d'entendre IRC critiqué, ou décrit comme un des nouveaux fléaux de nos sociétés modernes où les citoyens sont incapables de communiquer sans ordinateur interposé.

Pourtant, IRC, et Internet en général, est un formidable moyen de voyager autour du monde et de découvrir de nouveaux horizons à peu de frais. Fréquemment, on voit aussi des parents ou amis que la vie a éloignés se retrouver régulièrement sur IRC. La plupart des IRCiens vous diront qu'IRC ne remplace pas les vrais contacts, mais est un bon complément. D'un point de vue moins divertissant, mais plus professionnel, IRC est utilisé dans de nombreuses sociétés disposant d'un réseau pour améliorer la communication entre employés travaillant en commun sur différents sites.

Bien sûr, ceci est le bon côté des choses, l'aspect le plus positif. Tout n'est pas rose, et beaucoup d'utilisateurs ont été déçus par leur expérience. Il n'est pas rare qu'`IRC` soit comparé à une drogue, et dans certaines universités américaines, `IRC` est plus connu sous le nom de "*I Repeat Classes*" (Je redouble). Aux États-Unis encore, une femme a été assassinée par un homme rencontré *via* `IRC`.

Cependant, à l'heure actuelle, rien se semble stopper la progression d'`IRC`. Le premier, et plus gros des réseaux internationaux a subi en Juillet 1996 sa deuxième scission, et pourtant les deux nouveaux nés se portent à merveille, après avoir cicatrisé pendant quelques douloureux mois. Ni les abus d'utilisateurs indésirables, ni les attitudes hautaines d'un grand nombre d'administrateurs de serveurs ne semble freiner l'évolution d'`IRC`.

Le plus gros problème des grands réseaux est en fait d'ordre technique. Voilà plusieurs années que la mort d'`IRC` est programmée, prévue de façon régulière [1]. Le protocole, trop vieux, n'avait pas été conçu à l'échelle planétaire. Les serveurs des grands réseaux demandent de plus en plus de puissance, mémoire, et bande passante. Pourtant, des améliorations de ce programme permettent régulièrement de repousser ses limites... mais pour combien de temps encore ?

Christophe Kalt (aka Krys)
Co-développeur des serveurs `IRC`

[1] Tout comme l'est la panne ultime d'Internet.

Introduction

Il aurait été de bon ton de commencer cette introduction par un historique d'IRC mais il semblerait que la préface résume parfaitement l'esprit dans lequel est né ce service et ce qu'il est devenu de nos jours. Nous n'aurons donc pas la joie d'écrire une introduction digne des rédactions d'élèves de classe primaire. Essayons donc d'être un peu plus original et d'introduire le sujet de cet ouvrage au moyen d'anecdotes tournant autour de l'IRC. Ces anecdotes sont toutes vraies mais leur interprétation peut prêter à débat.

Inutilité ?

Un maître de conférence bordelais a cru bon de comparer, un jour, IRC avec la CB dans ces termes : "IRC c'est comme la CB, il n'y a que les blaireaux qui l'utilisent". Passons sur le fait que cette remarque est profondément insultante. Cette citation résume parfaitement l'image de marque que traine IRC : catastrophique. Pour la plupart des gens, IRC n'est qu'un lieu de rendez-vous pour adolescents acnéiques cherchant à perdre du temps. Cette image est profondément ancrée dans l'esprit des gens n'ayant pas essayé IRC, ou pire l'ayant testé cinq minutes sur un canal public de type `#france`. Il serait vain d'essayer de les convaincre d'autre chose. Ne nous voilons pas non plus la face, IRC est un logiciel de discussion, mais qui peut prétendre pouvoir juger si une conversation est utile ou futile, mis à part les esprits restreints ? IRC a un énorme avantage : il favorise la communication dans une société où elle est devenue terriblement difficile malgré la profusion d'outils qui lui sont dédiées. IRC, aidé par le pseudo-anonymat d'une trame IP, permet aux gens de rompre la glace et leur isolement (dans les cas extrêmes). De plus, l'expérience montre que les utilisateurs se rencontrant sur IRC font tout pour se voir dans la vie dite "normale". Peut-on encore considérer IRC comme complètement inutile ?

Pirate ou corsaire ?

Toujours à Bordeaux, un professeur en fin de carrière crut sage de dire : "Installer un serveur IRC sur une machine reliée à RENATER est un détournement de fonds publics et une incitation au piratage." En six années d'IRC, l'auteur n'a jamais entendu parler de cas de piratage à cause de failles de sécurité dans le serveur IRC. Il est clair, par contre, qu'un tel serveur attire les hackers qui feront tout pour pénétrer sur la machine pour avoir accès aux fichiers de configuration du serveur IRC. IRC est-il un détournement de fonds publics ? Tout d'abord, il faut savoir que la presque totalité des serveurs IRC français sont hébergés par des machines de l'enseignement public. En sachant cela, la réponse à la question précédente est : oui, si on suit à la lettre la charte RENATER. Ce réseau est dédié à l'enseignement et à la recherche et tout autre utilisation de ses ressources est prohibée. Soit ! Mais qu'en est-il des groupes de news et de leurs 300 000 articles par jour ? Faut-il aussi fermer ces serveurs ? Que faire des serveurs FTP hébergeant autres choses que des publications ou autres logiciels produits par les laboratoires français ? Ne parlons pas du WEB et de la dictature imposée par le CNRS à ses unités associées ; de toute façon ce service est en cours de purification (versons une larme pour le serveur Mygale). A l'heure actuelle, l'Internet français c'est les universités, n'en déplaise aux fournisseurs d'accés. Censurer RENATER signifie clairement la mort de l'Internet français, les fournisseurs d'accès n'étant pas, à l'heure actuelle, suffisament mûrs pour travailler ensemble à l'établissement d'un Internet à la française qui nous permettrait de se débarrasser de ce pesant sentiment d'infériorité que la France éprouve face aux Etats-Unis. De plus soyons sérieux trente secondes : à quoi servirait des artères à 34Mb/s et des voies d'accès à plusieurs Mb/s si RENATER ne devait transporter que le trafic enseignement et recherche (mettons de côté les quelques laboratoires de recherche appliquée grands consommateurs de bande passante). Ne parlons même pas de RENATER II et de ses artères ATM. Un des arguments avancé est de pouvoir faire de la visio-conférence entre laboratoires. Quel est l'intérêt pour la recherche ? Est-ce que le courrier électronique ou même IRC ne sont pas suffisant ? A moins, évidemment, que la forme compte plus que le fond. La seule conséquence positive d'une censure de RENATER serait le fait que les laboratoires, n'ayant plus à payer des forfaits Internet pour des lignes à 2Mb/s mais seulement pour des 256Kb/s, pourraient de nouveaux avoir des budgets pour acheter des crayons et assurer leur fonctionnement interne.

Un simple 36-15 supplémentaire ?

"IRC est une perte de ressources inutiles pour un laboratoire de recherche". Quel manque d'imagination et d'esprit d'adaptation. La différence entre un primate et un Homme est que ce dernier est capable de détourner de leur but originel les outils qu'il a créés. Le répondeur téléphonique en est l'exemple type puisqu'il est passé du statu de simulateur de présence à celui de simulateur d'abscence. IRC et tous les autres services Internet peuvent être utilisés pour autre chose que leur fonction principale.

Télé-enseignement

C'est le domaine le plus évident. L'auteur a eu le plaisir de participer, il y a quelques années à une expérience avec une classe canadienne d'une école primaire. Le but du projet était de faire connaître les différences culturelles entre les pays francophones. A cette occasion, `IRC` était retransmis dans la classe sur grand écran, les élèves pouvant poser des questions au cobaye et lire ses réponses en temps réel.

Ecriture d'ouvrages

`IRC` dispose d'outils de transferts de fichiers (voir le dernier chapitre de cet ouvrage) qui, couplés à son aspect temps réel, en font un produit unique pour l'écriture d'ouvrages ou d'articles comme cela a été le cas avec un chercheur toulousain. Le présent ouvrage a d'ailleurs circulé sur l'`IRCnet` afin d'être relu et vérifié.

Exotisme

L'auteur a eu, il y a quelques temps, à développer un logiciel de calcul réparti qui devait utiliser plusieurs machines distantes. Bien souvent, ce type de logiciel est basé sur une architecture client/serveur. Le serveur, dans notre cas, devait redistribuer de façon sélective des messages émis par des clients vers certains autres clients. Afin d'obtenir une maquette très rapidement, qui permettrait de tester les paradigmes de bases, le serveur `IRC` a été utilisé, ainsi qu'un ensemble de canaux regroupant les clients devant recevoir les mêmes types de messages. L'utilisation d'un serveur `IRC` a permis de gagner quelques semaines de développement, ce qui n'a pas été négligeable, les paradigmes de départ s'étant révélés faux.

Il est donc aisé de détourner `IRC` de son application initiale, encore faut-il avoir la volonté de s'y intéresser de près et ne pas sombrer dans des clichés qui ne sont finalement pas flatteurs pour ceux qui les colportent. Cet ouvrage est donc destiné à vous présenter `IRC`, son installation, son utilisation, sa maintenance et son organisation politique. Il n'a pas la prétention d'être exhaustif mais devrait couvrir la majorité des besoins standard des utilisateurs. Dans le cas où vous ne trouveriez pas la réponse à vos questions dans cet ouvrage, il vous reste la possibilité d'attraper un administrateur sur `IRC` et de le questionner.

1

L'Internet Relay Chat

blah blah blah

Tout premier chapitre se doit de présenter de façon détaillée le domaine abordé dans l'ouvrage, afin de permettre au lecteur de bien situer le sujet. Une fois n'est pas coutume, nous nous prêterons de bonne grâce à cette tradition. Ce chapitre est donc destiné aux nouveaux utilisateurs qui souhaitent savoir comment se débrouiller sur `IRC`, ainsi qu'aux utilisateurs d'un niveau moyen désirant connaître ce qui se cache derrière les réseaux `IRC`. Les utilisateurs avancés se reporteront aux chapitres suivants pour avoir des informations d'un plus haut niveau technique, telles que la configuration d'un serveur, sa gestion, les commandes de type `DCC` et autres.

La structure des IRC

Le dicton populaire dit qu'un petit dessin vaut mieux qu'un long discours (ce qui ne s'applique pas à l'art moderne, toujours justifié par une documentation épaisse). Pour bien appréhender notre sujet, nous commencerons donc ce chapitre par un schéma.

Le schéma 1.1 présente un réseau `IRC` imaginaire. Comme nous pouvons le voir, `IRC` n'est pas un simple logiciel de discussions sur Internet mais une structure complexe répartie sur l'ensemble de la planète (pour les réseaux principaux). Ce type d'architecture est unique sur Internet : le seul service se rapprochant de ce schéma sont les forums de discussions ou groupes de news, bien que les serveurs qui les gèrent ne soient pas interconnectés en permanence. Regardons de plus près le schéma : nous voyons que l'`IRC` est constitué de deux composantes fondamentales : les **serveurs** et les **clients**. On appelle ce type de structure, une architecture **clients / serveurs**.

Les serveurs constituent ce que l'on appelle le **réseau `IRC`**. Chacun d'eux est relié à un ou plusieurs autres serveurs suivant un schéma d'interconnexion en **arbre**. On ne saurait trop conseiller au lecteur de se reporter à *Graphes et hypergraphes* (voir

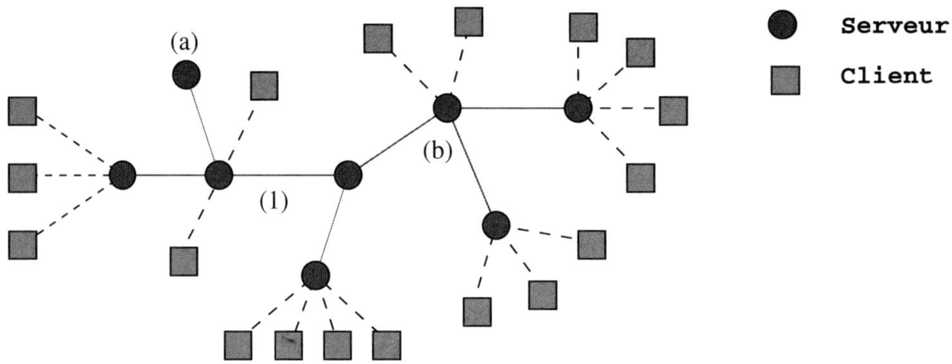

Figure 1.1 : Schéma général d'un réseau IRC.

la bibliographie) pour y trouver une définition formelle des arbres. Pour les lecteurs n'ayant pas cet ouvrage indispensable sous la main et en s'excusant auprès des puristes de la théorie des graphes, on peut définir un arbre d'une façon simple. Prenez un crayon et dessinez un arbre (de façon schématique). Vous allez tracer un tronc à partir duquel partent des branches qui se subdivisent en sous-branches etc. Sur ces branches, vous allez placer des feuilles (nous sommes au printemps). Vous devriez obtenir un graphisme se rapprochant du dessin (a) de la figure 1.2. Maintenant, vous remplacez le tronc par un point, même chose pour les feuilles. Faites de même avec les endroits où naissent les branches, pour obtenir le dessin (b). Il vous suffit maintenant de relier les points entre eux, en respectant l'ordre hiérarchique pour obtenir un arbre au sens de la théorie des graphes, c'est-à-dire le dessin (c) de la figure 1.2.

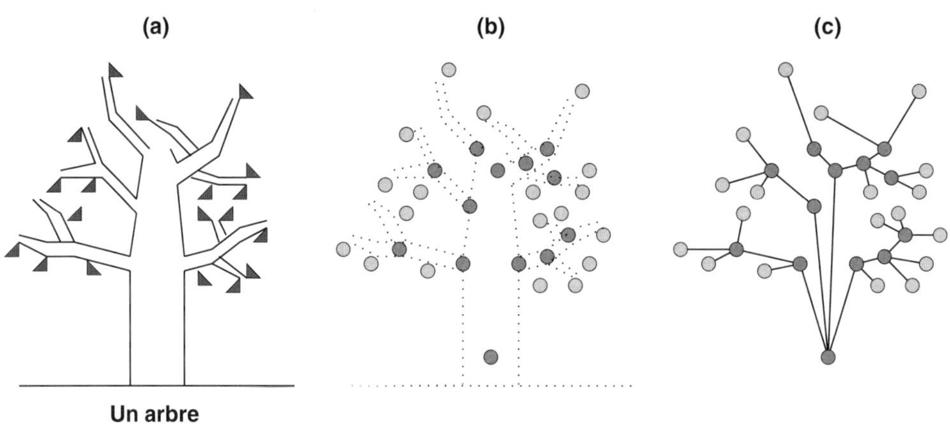

Figure 1.2 : La minute botanique

Fin de l'entracte "Artiste en herbe", revenons à nos serveurs IRC. Ces serveurs sont des routeurs logiciels chargés de transporter à travers tout le réseau IRC les messages envoyés par les clients et les messages d'ordre administratif (connexion, déconnexion de serveurs, gestion des droits utilisateurs etc.). Il est tout à fait possible de dire que les serveurs IRC forment des réseaux au sein même du réseau Internet.

Seconde composante des réseaux `IRC` : les clients. Ce ne sont rien d'autre que des utilisateurs d'Internet qui se connectent au serveur de leur choix pour avoir accès au réseau `IRC`. Ils sont, en fait, de simples logiciels qui vont permettre le dialogue sur `IRC`. Le troisième chapitre de cet ouvrage leur est entièrement consacré.

Remarque :

- Généralement, dans une architecture client / serveur, ces derniers sont largement moins nombreux que les premiers. Dans le cas contraire, cela dénote une mauvaise analyse dans la conception du réseau puisque trop de serveurs ont été prévus pour trop peu de clients. C'est le cas de certains réseaux `IRC` tel que `NewNet` qui est constitué de 58 serveurs pour une moyenne de 40 clients.

Qu'est ce que l'`ircd` *?*

`ircd` ou *Internet Relay Chat Daemon.* Sous ce nom aux connotations barbares se cache le serveur `IRC`. Ce démon (terme utilisé pour désigner un programme s'exécutant en permanence sur une station de travail sous Unix) est responsable de l'acheminement des messages administratifs et utilisateurs.

Les `ircd` implémentent donc, comme nous venons de le voir, une architecture client / serveur classique pour la plupart des services d'Internet, avec toutefois un petit exotisme qui est à l'origine du succès croissant de ce service : l'interaction entre serveurs et clients. Contrairement aux autres services présents sur Internet (`ftp`, `WWW` pour ne citer que les plus usités), et à l'exception des serveurs Usenet (responsables des forums de discussions), les démons `ircd` ont la possibilité d'interagir entre eux au sein d'un réseau `IRC`. Un `ircd` possède, en fait, deux modes possibles de fonctionnement : le mode **Autonome** (traduction de l'anglais *Stand Alone*) et le mode **Interconnecté**. La différence entre ces deux modes étant, pour l'auteur, la même qu'entre intranet et Internet (ou pour être plus extrémiste, entre rien et tout !).

Simplifions à l'extrême. Un démon `ircd` n'a que peu de tâches à accomplir.

- Pour le mode *Autonome* :
  - la gestion des connexions de ses clients.
  - le relais des communications entre ses clients.
- S'ajoutent pour le mode *Interconnecté* :
  - la collecte des informations en provenance de ses clients et leur redistribution vers les autres serveurs.
  - la distribution des informations en provenance des autres serveurs vers ses clients.
  - les échanges avec les autres serveurs de messages d'administration du réseau IRC.

Pour illustrer le mode interconnecté, penchons-nous sur le réseau `IRC` gaulois actuel. Un petit dessin sera, pour cela, plus parlant. La figure 1.3 présente le réseau `IRC` français et un de ses schémas possibles [1] d'interconnexion (le schéma est certifié correct au 15 mars 1997).

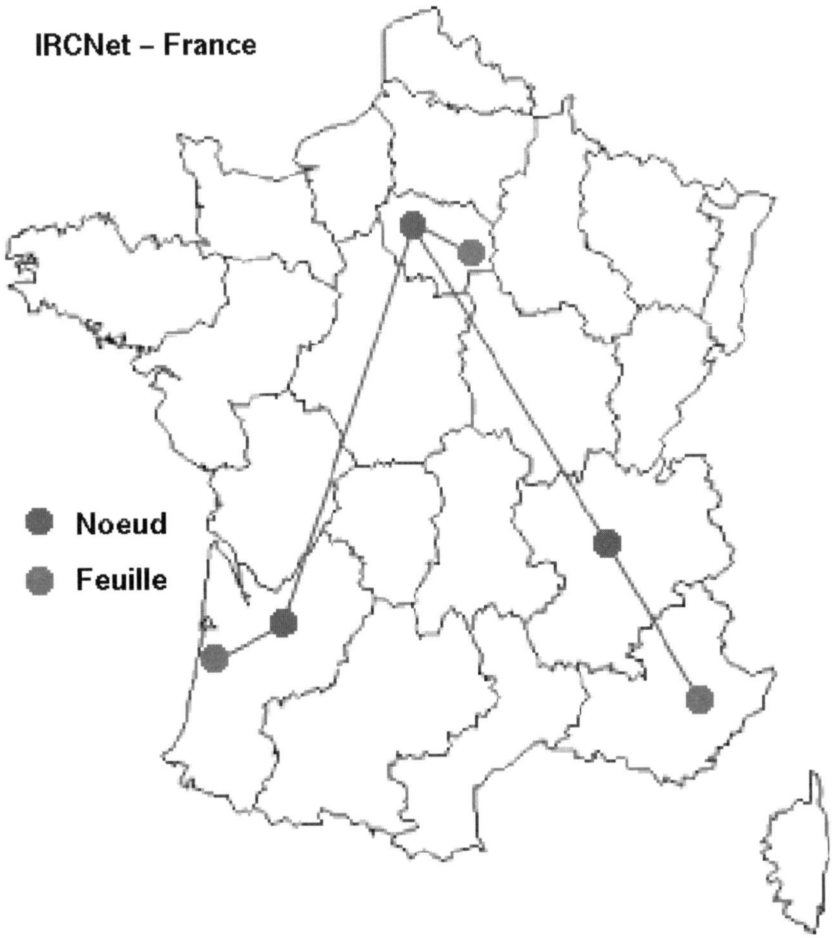

Figure 1.3: Carte des serveurs IRC en France.

Quittons un moment la technique pour nous intéresser (sans trop entrer dans des détails qui sortiraient du cadre de cet ouvrage) au type d'interconnexion des `ircd`. Nous l'avons vu dans la première partie, les serveurs `IRC` forment entre eux un réseau en arbre. Redessinons le réseau `IRC` français comme sur la figure 1.4.

Si pour des raisons quelconques le lien (1) se rompt, le réseau est alors séparé en deux parties qui ne peuvent plus s'échanger de messages. Avec ce type de graphes (les arbres), il suffit, en effet, qu'un seul lien tombe en panne pour que le réseau soit hors service. Ce type d'architecture est donc faiblement résistant aux pannes ; de plus, le temps moyen de propagation des messages y est relativement élevé. On le voit sur le

[1] Nous verrons par la suite qu'un tel réseau est de nature dynamique.

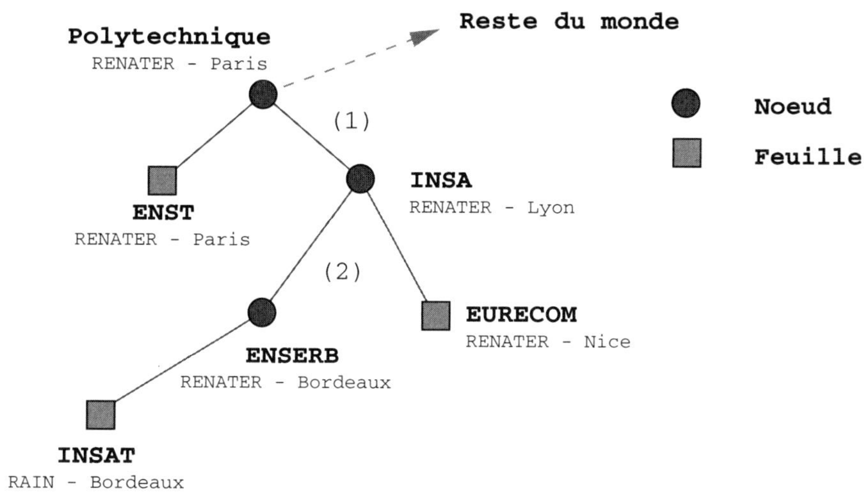

Figure 1.4 : Réseau des serveurs IRC français.

schéma, un message partant de l'ENSERB (Bordeaux) doit franchir trois liens avant de parvenir à l'ENST (Paris). Si sur des réseaux de faible taille ce phénomène est négligeable, il implique des ralentissements conséquents sur les réseaux `IRC` principaux tel que l'IRCNet qui compte quelques soixante serveurs.

Ce type d'interconnexion est à l'origine de la plupart des problèmes rencontrés par un administrateur `IRC`. Rendons tout de même hommage aux concepteurs de l'`ircd` qui ont inclus dans leur logiciel des procédures de réorganisation dynamique du réseau `IRC`. Admettons, en effet, que sur notre réseau français, le lien entre Bordeaux et Lyon (marqué (2) sur le schéma 1.4) se rompe. Si le serveur de Bordeaux est configuré pour, il essaiera, par exemple, de se reconnecter automatiquement au serveur de Paris Polytechnique, restaurant ainsi l'intégrité du réseau qui aurait alors la topologie présentée en figure 1.5.

Cette possibilité permet d'éviter que des serveurs se trouvent séparés du reste du réseau et augmente fortement la résistance aux pannes. Cette technique a tout de même ses limites, pour la simple raison que les `ircd` n'implémentent pas encore une intelligence artificielle de type HAL qui permettrait une réorganisation plus "intelligente" du réseau en cas de panne. Lors d'une rupture de connexion entre serveurs, les `ircd` se contentent, en effet, de se connecter sur le serveur suivant dans leur liste (définie dans leurs fichiers de configuration). Le côté dynamique d'un réseau `IRC` donne naissance à des routages parfois exotiques mais toujours divertissants (tel que Bordeaux-Nice en passant par la Suisse) qui justifient à eux seuls la présence des administrateurs `IRC` (*ircd-admin* [2]) chargés, entre autres, du ménage dans le routage `IRC`. Mais revenons à nos moutons électroniques.

De par son architecture en arbre, un réseau `IRC` abrite deux types de serveurs (voir la figure 1.5) :

[2]Terme branché pour désigner les responsables des serveurs IRC.

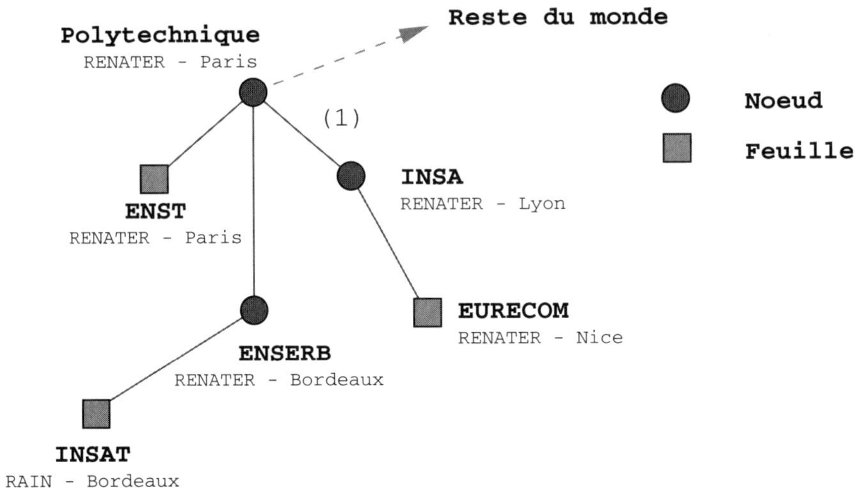

Figure 1.5 : Carte des serveurs IRC en France.

- les **feuilles** : en France, on trouve le serveur de l'ENST de Paris, celui d'EURECOM à Nice et celui de la société INSAT. Ces serveurs ne sont pas importants pour la survie du réseau IRC (si ce n'est par le nombre d'utilisateurs qu'ils apportent) : ils ne sont, en effet, rattachés qu'à un seul serveur (ou *hub*, aussi appelé nœud sur les figure précédentes) à un moment donné, et n'entrent pas en compte dans la stratégie de routage. En contre-partie, ils consomment moins de ressources machines et réseaux.
- les **nœuds internes** : tels que le serveur de l'école Polytechnique, celui de l'INSA à Lyon ou celui de l'ENSERB à Bordeaux. Ce sont les véritables points d'interconnexion du réseau IRC, ils réclament plus de ressources machines, réseau et humaine (pour leur maintenance et leur configuration).

Quel que soit le type de serveurs, il est conseillé de ne pas utiliser une machine d'entrée de gamme pour proposer le service IRC, à moins qu'elle ne lui soit dédiée. Par ailleurs, une connexion permanente à Internet de type liaison spécialisée d'un débit d'au moins 512 Kb/s est nécessaire pour assurer une bonne qualité de service. Ceci explique en grande partie pourquoi seuls les sites universitaires (en France) possèdent les ressources nécessaires pour proposer ce type de service. Ces remarques ne sont valables que dans l'optique d'une interconnexion avec les réseaux IRC principaux ; dans le cas d'un serveur non connecté, il faut les revoir fortement à la baisse. Un serveur IRC non connecté sans client occupe aux alentours de 1,5 Mo de mémoire, tandis que le même serveur une fois connecté sur IRCNet, par exemple, en tant que feuille, nécessitera 16Mo pour une quarantaine de clients.

Pour être réellement complet dans notre présentation du logiciel `ircd`, nous devrions parler du protocole de communication utilisé sur les réseaux IRC. Malheureusement, ce protocole n'a pas l'intérêt d'un IP v6 (future évolution du protocole gérant les échanges des messages sur Internet), et l'étudier reviendrait à aligner des phrases soporifiques sur plusieurs pages, au grand désespoir de la forêt scandinave. De plus, ce protocole est fort bien présenté dans la RFC 1459 et n'est utile :

- qu'aux créateurs des logiciels serveurs, espèce peu courante ;
- ou aux créateurs de robots IRC. On se reportera à l'avant-dernier chapitre de cet ouvrage pour plus d'informations sur ces robots.

L'utilisateur lambda et même l'administrateur IRC n'a donc pas à connaître ce protocole pour pouvoir utiliser ou gérer l'Internet Relay Chat.

Remarque :

- la RFC 1459 correspond au protocole utilisé dans les serveurs IRC jusqu'à la version 2.8. La dernière mouture du serveur apporte des nouveautés qui n'y sont pas décrites. Une nouvelle RFC serait en cours d'écriture. De plus, il faut signaler que suivant les réseaux IRC choisis, des différences substancielles peuvent apparaître dans le protocole. Ces modifications peuvent aller jusqu'à remettre en cause le type d'architecture réseau choisie afin de remplacer l'interconnexion en arbre par un graphe plus complexe. Il semblerait, toutefois, que les difficultés rencontrées dans la gestion des échanges entres serveurs transforment ces projets en utopie.

Plusieurs réseaux IRC *?*

IRC, malgré tout ce que l'on peut entendre sur la communauté virtuelle, ne signifie pas **International Rescue Committee**, bien au contraire. Il semblerait que la solidarité entre utilisateurs soit un doux rêve qui se transforme bien vite en cauchemard dès que l'on aborde le monde des administrateurs IRC. Les affrontements entre (ir)responsables, toujours justifiés par de faux prétextes techniques, ont provoqué l'apparition de plusieurs réseaux IRC indépendants. Il semblerait que cette situation soit définitive.

Vers de grands réseaux fédérateurs...

Ne remontons pas trop dans le passé et regardons l'évolution d'IRC au cours de ces dernières années. En 1993, on ne trouvait qu'un seul grand réseau IRC appelé EFnet (pour *Eri's Free net*, le nom laissant présupposer les circonstances de sa naissance) composé de serveurs de toute la planète. Tout allait pour le mieux dans le moins pire des mondes, mais c'était sans compter sur les affrontements latents entre les Etats-Unis et l'Europe, ou pour résumer de façon abrupte, entre l'anarchie des US et la bureaucratie de l'Europe, personnifiée par l'EBIC (voir plus bas). A cette époque est apparu le réseau UnderNet dont le but était d'être au service des utilisateurs, au contraire de l'EFnet, qui a tendance a être au service de l'ego de certains administrateurs. Pari sur l'avenir, longtemps sujet à plaisanteries au sein des administrateurs d'EFnet, UnderNet est, aujourd'hui, le troisième réseau en terme d'importance. Au cours de l'été 1996, les tensions entre Etats-Unis et Europe ont atteint un nouveau niveau record, qui a provoqué la scission du réseau EFnet en deux parties :

- EFnet : composée de la partie Etats-Unis et Canada de l'ancien réseau ;

- IRCnet : composée de la partie Europe, Japon et Australie.

Qu'est-ce qui a provoqué une telle scission ? La raison est complexe.

Comme dans tout milieu politique, on trouve dans IRC de nombreuses luttes d'influences. Certains serveurs ayant plus de poids que d'autres (c'est le cas des serveurs assurant le routage international), il n'est pas rare de voir leur administrateur prendre des décisions étranges qui peuvent être difficilement remises en cause par les "petits" serveurs qui, de toute façon, dépendent des "grands" pour leur connexion au réseau IRC. Du côté des Etats-Unis, c'est plutôt le grand flou et les abus y sont nombreux. Trop nombreux, il est clair. Ajoutez à cela que les administrateurs américains ont tendance à ne pas respecter les décisions politiques, ce qui faisait de l'ombre à certains administrateurs européens. Ce qui devait arriver, arriva : l'Europe s'est séparée des Etats-Unis en prenant pour excuse les abus des administrateurs américains.

A l'heure actuelle, il existe 4 réseaux IRC principaux et mondiaux : **EFnet**, **IRCnet**, **UnderNet** et **DalNet**. Pour les utilisateurs, les différences sont minimes, mais l'auteur ne saurait trop conseiller **IRCnet** ou **UnderNet**, qui assurent une bonne qualité de service. L'**EFnet** étant, quant à lui, vraiment trop anarchique et **DalNet** un peu trop dépeuplé.

Parallèlement à ces grands réseaux mondiaux, se développent de petites entités, parfois composées d'un seul serveur, mais qui ont la particularité d'être des réseaux thématiques.

...et des serveurs dits spécialisés

Le problème est courant sur Internet : comment découvrir de l'information pertinente sans passer des heures à éplucher des millions d'adresses ou des milliers de canaux de discussions comme il en existe sur les quatres réseaux précédents ?

Alors que se développaient les réseaux IRC mondiaux, sont apparus de nombreuses autres structures de taille restreinte. Si la plupart se sont créées (et ont disparues) pour assurer une meilleure qualité de service aux utilisateurs, d'autres se sont spécialisées dans des thématiques bien précises.

C'est le cas du réseau **KidsLinks**, créé pour tous les bambins de la planète (ceux qui dessinent les poissons avec les yeux dans les coins, les autres étant dehors à courir dans les cours de récréation). Ce réseau est réservé aux jeunes enfants tout comme l'est la version Yahooligans du célèbre annuaire de recherche.

Le réseau BrazIrc est constitué exclusivement de serveurs brésiliens. Ce réseau vient de se scinder en deux, comme quoi même au sein d'une structure thématique les tensions existent.

A côté de ces réseaux, on peut trouver des serveurs IRC un peu partout. Ce service sert souvent de support à des conversations érotiques pour individus de tout sexe et de toutes tendances. Une sorte de 36-15.

Avec le développement d'Internet, les serveurs IRC devraient pousser comme les cèpes après la pluie ; il est tout de même regrettable de voir les utilisateurs séparés pour des raisons politiques (sans compter les problèmes techniques apparaissant avec la multiplication des serveurs dans un même réseau).

Cette partie laisserait à penser qu'il n'existe des problèmes relationels qu'entre les administrateurs ; c'est faux et c'est ce que nous allons voir tout de suite.

Guerres tribales

Jouons 5 minutes au petit ethnologue amateur. Prenez un échantillon représentatif de l'espèce humaine (nous dirons 10 000 personnes), mettez-les dans un espace commun (suffisament grand pour leur permettre de s'épanouir) et observez-les quelque temps tout en restant suffisamment neutre comme tout bon ethnologue qui se respecte. Qu'obtenons-nous ? Fidèle à son image, notre échantillon d'humanité aura sans doute recréé une structure de clans entre lesquels des tiraillements d'ordre ethnique ne tarderons pas à apparaître. `IRC`, c'est exactement la même chose.

On y observe trois grandes tribus :

- les **utilisateurs** (ou **users**), les plus nombreux ;
- les **opérateurs de canaux** (ou **chanop**) ;
- et les **opérateurs** `IRC` (ou **ircop**) et les administrateurs (**irc-admin**), les plus rares[3].

Ces trois tribus s'affrontent régulièrement à propos de leur vision de l'`IRC`, comme nous allons le voir maintenant.

La tribu des utilisateurs

C'est le groupe ethnique le plus répandu et ayant le plus fort de taux de croissance. Qui fait partie de cette tribu ? Tous les utilisateurs de l'`IRC`. Les utilisateurs considèrent l'`IRC` généralement comme un lieu de détente où l'on fait des rencontres quelquefois utiles mais souvent divertissantes. L'utilisateur se constitue une liste de canaux qu'il affectionne et qu'il visite régulièrement. On distingue quatre sortes d'utilisateurs :

- l'utilisateur débutant, reconnaissable par son surnom qui ressemble étrangement à un `login` et par sa forte propension à parler à des robots ;
- l'utilisateur de base, que l'on trouve généralement dans des canaux de tailles modérées et assez calmes ;
- l'utilisateur acharné, que l'on reconnaît à ses longs temps de connexion sur le réseau `IRC` et à sa panoplie de macro-commandes qui transforment son client en usine à gaz. L'utilisateur acharné fréquentera plutôt les canaux de taille importante dans lesquels il s'est fait un nom ;
- l'utilisateur maudit que l'on reconnaît à son surnom comportant plus de caractères de ponctuation que de lettres et dont le passe-temps est de faire la chasse

[3]Le terme rare étant utilisé ici en tant qu'adjectif quantitatif et non qualitatif.

aux membres des autres tribus à l'aide de *nick collision*, *split riding* ou autre *flood bot* (voir les chapitres suivants).

La tribu des opérateurs de canaux

La tribu des opérateurs de canaux est constituée, dans sa grande majorité, d'anciens utilisateurs acharnés. L'opérateur est fidèle à un canal, ce sacrifice étant récompensé par un ensemble de privilèges tels que :

- des droits sur le canal. Par exemple, modifier son thème (ou *topic*), modifier ses droits d'accès (passage en mode privé ou sur invitation), etc. ;
- des droits sur les utilisateurs du canal. Par exemple, bannir une personne, l'empêcher de prendre la parole, et même élever un simple utilisateur au grade d'opérateur.

Qu'est-ce qui différencie un utilisateur d'un opérateur ? Leur vision d'`IRC`. L'opérateur se sent investi d'une mission : protéger un canal de discussions. Ce qui n'est pas le cas de l'utilisateur qui voit en `IRC` un formidable moyen de se divertir. L'expérience montre que la tâche des opérateurs est trop lourde à porter, car il semblerait que certains d'entres eux se transformeraient en despotes, ce qui sonnerait généralement le glas du canal sur lequel ils sévissent, par une migration des autres tribus vers des terres plus hospitalières.

La tribu des opérateurs et administrateurs `IRC`

La tribu des opérateurs et administrateurs `IRC` ressemble étrangement à une secte. C'est une organisation très fermée comportant peu de membres (une centaine en Europe contre 15 000 utilisateurs). Bien que plus rare qu'un panda, les membres de cette tribu ne sont pas prêts de disparaître, au grand désespoir des deux autres groupes ethniques qui ont bien du mal à adhérer aux préceptes philosophiques de la secte des administrateurs.

Les opérateurs et administrateurs ont la lourde charge de maintenir le réseau `IRC` ; pour cela, ils doivent :

- s'assurer que les connexions entres les différents serveurs formant le réseau `IRC` sont optimales ou tout du moins viables ;
- assurer la mise à jour régulière du logiciel serveur (ou `ircd`) ainsi que sa configuration (voir le chapitre 4).

Pour l'utilisateur, l'administrateur est vu comme un être élu détenant le savoir. Pour l'opérateur de canal, l'administrateur est percu comme un être prétentieux, imbu de ses privilèges. Il faut savoir que les administrateurs refusent de se mêler des problèmes des utilisateurs. Si par exemple, un canal succombe à l'attaque d'utilisateurs maudits, l'administrateur ne prendra pas la peine d'intervenir, sauf si son serveur est en danger. La réponse typique d'un administrateur sera :

"Les surnoms n'appartiennent à personne, pas plus que les canaux. Veuillez changer de surnom ou de canal pour résoudre vos problèmes."

Les réactions des utilisateurs à ce genre de réponses n'apparaîtront pas ici pour ne pas subir les foudres de la censure. Il est clair que les conflits opposant administrateurs et opérateurs ne sont fondés, la plupart du temps, que sur un manque de communication. En effet, les administrateurs ne peuvent tout simplement pas aider les utilisateurs, et ceci pour deux raisons. Premièrement, les administrateurs n'ont pas de pouvoir particulier sur les canaux, ils ne peuvent donc pas les débloquer ou les protéger en cas d'attaques. Deuxièmement, il faut savoir qu'`IRC` est une organisation politique, ce qui implique que tout mouvement de la part d'un administrateur provoque automatiquement des vagues qui peuvent se terminer par une guerre froide entre les Etats-Unis d'Amérique et l'Europe, comme celle qui existe à l'heure actuelle. En fait, la situation est devenue tellement grotesque qu'aider un utilisateur peut être un risque pour la pérénité de son serveur.

Continuons dans la caricature (bien que tout ceci soit vrai). Les pays européens sont réunis dans ce que l'on appelle l'**EBIC** pour *European Board of IRC Coordinators.* Chaque pays connecté au réseau `IRCnet` y a un représentant, généralement élu par les organisations nationales. Corsons un peu la chose. Chaque organisation nationale a un ensemble de règles régissant le comportement des serveurs et des administrateurs du dit pays. En cas de désacord de l'EBIC sur ses règles, un pays peut se voir refuser l'accès au réseau IRCnet. Le mécanisme est simple, mais que fait-on dans le cas où il n'y a pas de règles ? C'est le cas de la France. En quatre années, il a été impossible de rédiger une charte de fonctionnement de l'`IRC` français, à cause de dissensions sur deux points précis :

- utilisation du **kill**. Cette commande permet de déconnecter momentanément un utilisateur du réseau `IRC`. A cause des abus qu'elle a généré, une véritable paranoïa s'est développée, qui empêche d'utiliser cette commande. Son effet est pourtant très dissuasif ;
- aide aux utilisateurs. Doit-on aider les utilisateurs à retrouver leur droit d'opérateur de canaux (dans le cas où plus personne ne l'est) ? Les camps s'affrontent mais au jour d'aujourd'hui, rien n'en est encore sorti. Pour éviter tout problème diplomatique, les administrateurs français ont décidé par accord tacite de ne pas aider les utilisateurs pour des problèmes de canaux.

L'`IRCnet` est l'exemple même d'une organisation politique sclérosée qui a tout simplement oublié que l'utilisateur est à la base de tout et que depuis l'origine de l'Homme, toutes les grandes théories politiques trop éloignées des êtres humains se sont soldées par des échecs.

L'administrateur `IRC` doit donc composer en permanence entre ses désirs d'assurer une bonne qualité de service à ses clients et ses relations diplomatiques avec les autres administrateurs.

Nous terminerons là cette courte introduction au service `IRC`. Ce chapitre nous a permis de comprendre le fonctionnement théorique de l'`IRC`. Maintenant que nos idées sont bien claires, nous allons voir comment chacune des tribus définies précédemment l'utilise. C'est le but des chapitres suivants.

2

Premiers pas sur IRC

*** Welcome to the Internet Relay Network Newbie (from irc.newbie.com)

`ircd 2.9.2`

On connaît, maintenant, ce qui se cache derrière l'`IRC`. Bien que la connaissance intrinsèque d'un logiciel permette de mieux l'utiliser, un utilisateur débutant n'a pas vraiment intérêt à comprendre les problèmes posés par l'administration d'un serveur `IRC`. Ce chapitre est destiné aux utilisateurs désirant découvrir `IRC` en douceur. Cette partie sera axée autour d'une session `IRC` classique que nous expliquerons pas à pas.

Pour illustrer notre session `IRC`, nous utiliserons le plus ancien logiciel client : `IRCii` fonctionnant sur les plate-formes UNIX. Son interface minimaliste (de type GNU Emacs) demande un court temps d'adaptation mais offre de bonnes performances à ceux qui la maîtrisent. De plus, il sera aisé de transposer les commandes d'`IRCii` à celles de votre client PC ou Mac préféré, comme nous le verrons par la suite.

Notation :

- Le logiciel `IRCii` s'utilise au moyen de commandes textes ; elles seront notées avec la convention suivante :

  ```
  /NomCommande [argument 1] ... [argument n]
  ```

  Les paramètres notés entre `[]` sont optionnels et peuvent donc être omis sans pour autant affecter le bon fonctionnement de la commande.

Que l'on soit débutant ou habitué, une session `IRC` se décompose toujours en trois étapes : la connexion, l'interaction et la déconnexion.

La phase de connexion

Première étape d'une session `IRC` : la connexion. Nous ne parlons pas ici de connexion à Internet que nous supposons déjà effective mais à un réseau `IRC`. Lors de cette phase, vous aurez à identifier votre machine auprès du serveur d'accueil et lui fournir un surnom valide. Nous présentons dans cette partie les commandes nécessaires pour choisir son surnom et son serveur d'accueil.

Le choix du surnom ou nickname

Tout comme votre ordinateur possède une adresse IP unique (statique ou affectée dynamiquement lors de votre connexion) sur Internet, un client `IRC` possède un identificateur unique sur le réseau d'accueil, que l'on appelle **nickname** (abrégé en *nick*) qui se traduit par **surnom** en français, bien que l'on soit plus habitué au terme **pseudo**. Ce surnom est le seul moyen qui permettra aux autres clients de vous contacter. Il est unique à un instant donné ou, pour être plus précis, unique sur une même composante d'un même réseau `IRC` au même moment. Pour être plus clair, admettons que le lien marqué (1) sur la figure 1.1 se rompe ; nous obtenons alors deux parties (ou composantes) indépendantes (voir figure 2.1) d'un même réseau, c'est ce que l'on appelle **split** (ou rupture de lien) dans le jargon `IRC`.

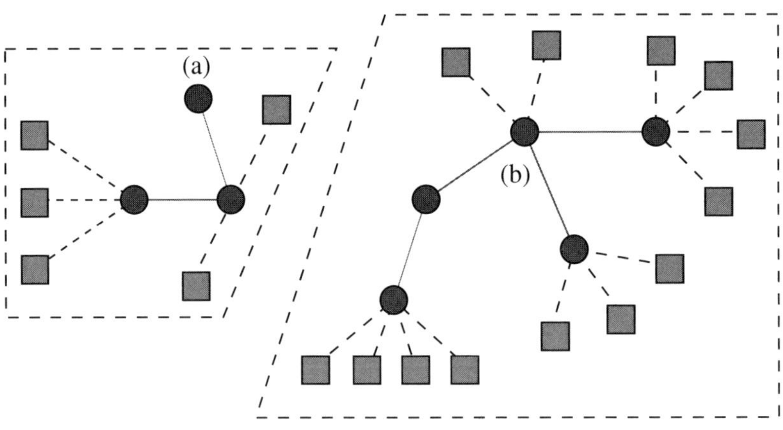

Figure 2.1 : Un split IRC.

Deux utilisateurs possédant le même surnom peuvent alors se connecter sur les serveurs (a) et (b), par exemple, en même temps. Cette situation est temporaire et ne dure que le temps de la rupture du lien, lors de son rétablissement, tous les clients dont les surnoms feront doublons seront automatiquement rejetés du réseau. On appelle cela une **nick collision** que l'on pourrait traduire par **conflit de surnoms**. Plusieurs personnes peuvent, par contre, utiliser le même surnom à des moments différents ou sur des réseaux non interconnectés. En effet, le surnom n'est pas personnel, au contraire de l'adresse de courriers électroniques. Il n'est alors pas rare de confondre des utilisateurs. Il a quelques années, on tenta de régler ce problème au moyen du service `NickServ` qui permettait de déposer des surnoms. Celui-ci disparut autant par le gaspillage de bande passante qu'il générait que par les pressions des partisans du mouvement "Nicks are not owned". Ce genre de pressions n'est pas chose exceptionnelle, l'administration d'IRC étant un milieu extrêmement politisé qui stigmatise toutes les tensions existant entre les différentes cultures humaines. La notion de village planétaire n'étant qu'une utopie de journalistes en mal de scoop.

Comment choisir son surnom ? Il n'y a pas de recette particulière, seule votre imagination vous limitera. Il faut tout de même savoir qu'un surnom ne peut dépasser 9 caractères de long et qu'il est possible d'utiliser tous les caractères existants. Il est fréquent de rencontrer des utilisateurs ayant pour surnom `#_$$*` ou toute autre suite de caractères étranges.

Par défaut sous Unix, votre surnom est égal à votre `login`, ce qui chez certains fournisseurs d'accès américain n'est pas bien parlant. Vous pouvez le redéfinir au moyen de la variable d'environnement IRCNICK.

Nous avons fait le parallèle entre adresse IP et surnom, en disant que ce dernier est unique et permet de vous contacter. Le parallèle s'arrêtera là. Contrairement à l'adresse IP, il est possible de changer de surnom au cours d'une session IRC : pour cela, on utilise la commande `nick` qui a pour syntaxe :

```
/nick Surnom
```

Si le surnom choisi est déjà en cours d'utilisation, le serveur vous demandera d'en choisir un autre.

La commande `nick` est accessible à tout moment lors de votre session IRC, mais gardez à l'esprit que c'est par ce surnom que l'on peut vous contacter et qu'en changer régulièrement peut être gênant pour vos correspondants.

Choix d'un serveur

Seconde étape, vous devez choisir un serveur hôte par lequel vous accèderez au réseau IRC désiré. Si vous ne voulez pas être victime de **lag** c'est-à-dire d'un **ralentissement** des échanges entre le serveur et vous, choisissez un serveur proche (du point de vue du réseau) de votre point de connexion Internet. Les logiciels `traceroute` et `ping` vous seront utiles pour déterminer le serveur ayant les meilleurs temps de réponse.

Le choix du serveur conditionne le choix du réseau IRC. Il existe, en effet, plusieurs réseaux IRC, dont les plus utilisés sont `EFnet`, `IRCnet` et `UnderNet`. Vous trouverez en Annexe B une liste d'adresses de serveurs qui vous permettront d'y accéder. Les différences entre ces divers réseaux relèvent autant du domaine culturel que de la technique. Les protocoles de communication utilisés sont différents, tout comme l'est l'ambiance générale, l'accueil des débutants et les relations entre administrateurs. Seule l'expérience vous permettra de choisir le réseau le plus compatible avec votre vue du village planétaire.

La connexion

Exécutez votre logiciel `IRCii`. Si ce dernier est bien configuré, il devrait se connecter à un serveur IRC prédéfini, soit lors de sa compilation, soit au travers de la variable d'environnement `IRCSERVER` si vous êtes sous Unix. Dans le cas contraire, il suffit d'utiliser la commande `server` qui permet de connecter votre client à un serveur particulier. Cette commande a la syntaxe suivante :

```
/server NomServeur [Port]
```

Le paramètre `NomServeur` correspond, comme son nom l'indique, au nom de la machine sur Internet hébergeant le serveur `IRC` auquel vous désirez vous connecter ; il est possible d'utiliser son numéro IP. Le second argument, `Port`, correspond au port TCP d'écoute du serveur. Si l'on considère qu'une machine est une administration, il est possible de comparer le port à un numéro de bureau qui permet d'accéder à un service particulier. Le bureau 25, par exemple, permet d'accéder au courrier électronique et le bureau 119 au service groupes de news. Les serveurs `IRC` ont un port réservé qui est : 6667. Par défaut, la commande `server` essaiera de se connecter sur ce port, le second paramètre permettant de changer cela.

Exemples :

- `/server salambo.enserb.u-bordeaux.fr`
- `/server salambo.enserb.u-bordeaux.fr 2450`

Si aucun serveur `IRC` n'existe sur la machine désirée au port spécifié, le message suivant doit apparaître (message adapté au second exemple) :

```
*** Connecting to port 2450 of server salambo.enserb.u-bordeaux.fr
** Unable to connect to port 2450 of server salambo.enserb.u-bordeaux.fr:
Connection refused
```

La commande `server` est utilisable à tout moment lors de votre session `IRC`, ce qui vous permettra de changer pour un serveur plus proche, ou encore de changer de réseau `IRC`. Dans le cas où la machine cible héberge bien un serveur `IRC`, trois cas peuvent se présenter :

- la connexion est refusée et un message du type

  ```
  *** You are banned from this server (from irc.somewhere.tm.fr)
  ```

  apparaît. Cela signifie que la connexion est refusée de par la présence d'une ligne `K`, qui est une configuration spéciale du serveur destinée à interdire la connexion de certains domaines Internet précis. La présence de telle ligne est souvent la conséquence d'une sanction envers certains utilisateurs ayant porté atteinte à l'étiquette `IRC`. Pour comprendre le pourquoi de la présence d'une telle ligne, le mieux est de s'adresser à l'administrateur du site. Il est, par contre, *a priori* utopique de penser que vous réussirez à faire enlever la ligne `K`. La meilleure solution dans ce cas est de changer de serveur ;
- la connexion est refusée et un message du type

  ```
  *** Closing Link:  YourNick[YourHost] (No Authorization)
  ```

apparaît. Cela signifie que votre connexion n'est pas prévue sur le serveur. En effet, à chaque connexion sur un serveur IRC, l'utilisateur est automatiquement associé à ce que l'on nomme une classe de connexion ; si le nom de votre machine ne correspond à aucune classe, la connexion est rejetée. Pour contourner cela, vous pouvez changez momentanément de serveur et contacter l'administrateur pour lui demander d'ajouter votre domaine dans ses classes de connexion. *A priori* cela ne devrait pas poser de problème, à condition que votre demande respecte la topologie du réseau Internet et les règles de fonctionnement en vigueur sur le serveur ;

- la connexion se déroule sans accroc ; la bannière d'accueil du serveur doit apparaître sur votre écran, c'est-à-dire pour `salambo.enserb.u-bordeaux.fr` :

```
    *** Connecting to port 6667 of server salambo.enserb.u-bordeaux.fr
    *** Welcome to the Internet Relay Network anonymous
(1) *** Your host is salambo.Enserb.U-Bordeaux.Fr, running version 2.9.2
(2) *** This server was created Wed Nov 27 1996 at 11:21:05 MET
(3) *** umodes available oirw, channel modes available abiklmnopqstv
(4) *** There are 10523 users and 0 services on 52 servers
(5) *** There are 87 operators online
    *** 1 : unknown connections
(6) *** 3878 channels have been formed
(7) *** This server has 93 clients, 0 services and 1 servers connected
(8) *** - salambo.Enserb.U-Bordeaux.Fr Message of the Day -
```

Figure 2.2: Bannière d'accueil d'un serveur IRC.

Cette bannière comporte plusieurs informations utiles :

- en (1), le nom de la machine hôte accueillant le serveur IRC ainsi que sa version logicielle, ici la 2.9.2 ;
- en (2), la date et l'heure de la mise en route du serveur ;
- en (3), les modes disponibles pour les utilisateurs et les canaux (voir la partie sur la gestion des modes dans ce même chapitre) ;
- en (4), le nombre d'utilisateurs connectés sur le réseau IRC ainsi que le nombre de serveurs le constituant ;
- en (5), le nombre d'administrateurs IRC actuellement connectés ;
- en (6), le nombre de canaux de discussion existants ;
- en (7), le nombre de clients connectés sur le serveur ;
- à partir de (8), le message du jour (MOTD).

Vous voilà maintenant connecté au réseau IRC. L'étape suivante consiste à choisir votre salon de thé virtuel.

L'interaction

Vous êtes donc, maintenant, connecté à un réseau IRC. Pour l'instant vous êtes en dehors de tout canal de discussion. Contrairement aux serveurs de news, il n'est pas obligatoire de choisir un canal pour profiter des possibilités de discussion de l'IRC (voir les messages privés) ou pouvoir administrer le serveur (voir le dernier chapitre de cet ouvrage). En tant qu'utilisateur débutant, il est toutefois préférable d'entrer sur un canal ; encore faut-il savoir lequel.

Le choix d'un canal de discussion

Tout comme les groupes de news, il existe des milliers de canaux de discussions couvrant absolument tous les thèmes pouvant intéresser l'être humain, mais contrairement aux news, les canaux IRC ne sont pas statiques. Ceux ci n'existent que si au moins un client les utilise. Le simple fait d'entrer le premier sur un canal suffit à le créer, comme nous le verrons par la suite.

On le voit sur la figure 2.2, il existe en moyenne 5 000 canaux sur le réseau IRCNet. Pour s'en convaincre, il suffit de saisir la commande :

```
/list
```

qui affiche la liste de tous les canaux disponibles ainsi que leur descriptif. Si vous êtes connecté au moyen d'une liaison RTC, il est déconseillé d'utiliser cette commande telle quelle, car elle génère plusieurs dizaines de kilo-octets de transfert. Pour limiter le nombre de canaux affichés, la commande `/list` accepte les arguments suivants :

```
/list [-min Nombre] [-max Nombre]
```

qui permet de sélectionner un ensemble de canaux, en bornant le nombre d'utilisateurs présents sur ceux ci.

Exemple :

- `/list -max 15`
  Donne la liste des canaux ayant au plus quinze utilisateurs ;
- `/list -min 50 -max 150`
  Affiche la liste des canaux ayant entre cinquante et cent cinquante utilisateurs. On trouvera le résultat de cette commande sur la figure 2.3 [1].

La première colonne contient les noms des canaux, la seconde le nombre d'utilisateurs sur chaque canal. La dernière colonne contient le sujet (ou *topic*) du canal.

Que remarque-t-on sur cette liste ? On voit que tous les noms de canaux commencent par '#'. Il existe, en fait, trois types de canaux :

[1] L'aspect dynamique d'IRC fait que le résultat n'est vrai qu'au moment où la commande a été saisie

```
*** #42         56   And your point would be...?
*** #oulu       58   suosi suomalaista, potki sivaria
*** #bosnia     64   Hladno, smrzoh se !!!
*** #vlaandere 67    BT-MCI, the Merger of the Century
*** #sweden     92   Swe/Eng Only ...no channel ads, flood, sex, etc.
*** #slovenia   93
*** #russian    51   My naskvoz' vidim Libido !!!
*** #beginner   63
*** #Polska     149  Sometimes I'm good but when I'm bad I'm even better ;)
*** #sexpics    58
*** #cs         91   Cesky | Slovensky | Moravsky kanal...
*** #france     130  IRC c'est comme TF1..c'est bourré de conneries
```

Figure 2.3: Résultat de la commande /list -min 50 -max 150.

- global : dont le nom commence par un '#' et qui sont accessibles sur tout le réseau IRC ;
- local : dont le nom commence par un '&' et qui ne sont accessibles qu'aux utilisateurs du serveur sur lequel ils ont été créés ;
- restreint : dont le nom commence par un '+', ces canaux n'acceptent aucun mode (voir plus bas).

Attention :

- un nom de canal doit commencer obligatoirement par '#', '&' ou '+'.

Maintenant que vous avez choisi votre canal de discussions, il est temps d'entrer dans le vif du sujet.

Entrer dans un canal

Pour participer à une discussion, il vous faut donc entrer dans un canal. Pour cela, vous devez utiliser la commande `join` qui a pour syntaxe :

`/join Nom_Canal1[,Nom_Canal2][,Nom_Canal3] [Clef]`

Il est possible de participer à plusieurs discussions : la commande `join` permet d'entrer dans plusieurs canaux à la fois (au plus trois). Le paramètre `Clef` est le mot de passe qui permet de déverrouiller l'accès au canaux protégés par un mode `k` (voir plus bas).

Remarque :

- les serveurs IRC ne respectent pas la casse. `#francaise` désigne donc le même canal que `#FrANCaisE`.

Exemples :

- Admettons que vous ayez choisi le canal `#francaise`. Il vous suffit pour y pénétrer d'utiliser la commande suivante :
  `/join #francaise`
- La commande suivante vous permet d'entrer sur le canal global `#france` et sur le canal local `&admin` :
  `/join #france,&admin`
- Le dernier exemple permet d'entrer sur le canal `#secret` qui est protégé par la clef `Youpla` :
  `/join #secret Youpla`

Lors d'un `join`, plusieurs cas se présentent :

- affichage d'un message du type :

  ```
  *** #NomCanal Sorry, cannot join channel.  (Banned from channel)
  ```

  signifie que l'on vous refuse l'accès à ce canal. C'est ce que l'on appelle être banni du canal (*Banned from channel*). Tout comme les administrateurs `IRC` peuvent vous interdire l'accès à leur serveur au moyen des lignes `K`, les opérateurs de canaux peuvent vous en refuser l'entrée. Un *ban* peut concerner des domaines Internet entiers : ce n'est donc pas automatiquement une mesure répressive envers vous ;
- affichage d'un message du type :

  ```
  *** #NomCanal Cannot join channel (+l) (Channel is full)
  ```

  Les opérateurs d'un canal ont la possibilité de fixer le nombre maximal de personnes pouvant utiliser leur canal en même temps. L'apparition d'un tel message veut dire que le canal a atteint son quota d'utilisateurs ;
- affichage d'un message du type :

  ```
  *** #NomCanal Cannot join channel (+i) (Invite only channel)
  ```

  Les opérateurs d'un canal peuvent décider que l'accès à leur salon de discussion n'est pas libre mais ne se fait que sur invitation. Dans le cas où vous tenteriez tout de même d'entrer dans le canal, un message de ce type sera affiché ;
- affichage d'un message du type :

  ```
  *** #NomCanal Cannot join channel (+k) (Bad channel key)
  ```

  Il est aussi possible de verrouiller un canal par un mot de passe. Si vous tentez d'entrer dans un canal protégé sans connaître le bon mot de passe, le message précédent vous sera retourné ;
- l'entrée est acceptée. Le **sujet** ou **topic** en cours sur le canal (marqué (1) sur la figure 2.4) s'affiche alors, ainsi que la liste des personnes présentes (marqué (2)). Ces personnes seront automatiquement prévenues de votre arrivée sur le canal

par l'affichage d'un message de la forme :

```
*** SgtGarcia (user5421@pc12.cafe.fr) has joined channel #fr-opers
```

```
*** SgtGarcia (zoro@194.51.149.1) has joined channel #fr-opers
*** Topic for #fr-opers: got the @ back !!!                              (1)
*** Users on #fr-opers: SgtGarcia ZeuYen Dumpty Eryc Sarayan Cyrion      (2)
```

Figure 2.4 : Affichage lors d'un /join.

Si tout se déroule bien, vous devriez voir apparaître plus ou moins régulièrement (suivant la taille du canal) du texte : ce sont les messages que les utilisateurs envoient. Pour participer aux conversations en cours, il suffit de saisir votre texte et de le valider ; il sera envoyé au serveur qui le propagera à tout le réseau IRC permettant ainsi aux autres utilisateurs de le lire. A vous de jouer, bonne chance.

Remarque :

- Si aucun des canaux existants ne vous attirent, il est peut-être préférable de créer le vôtre. Contrairement aux groupes de news, la création d'un canal ne dépend pas du résultat d'un appel public à vote. Vous pouvez créer autant de canaux que vous le désirez, au moment où vous le souhaitez. Pour cela, il suffit d'entrer dans le canal de votre choix avec la commande `join`. Si personne ne s'y trouve, il sera automatiquement créé, propagé sur les autres serveurs et donc accessible aux autres utilisateurs d'IRC. De même, le canal sera automatiquement détruit lorsque son dernier utilisateur l'aura quitté.

Maintenant que vous êtes rôdé à la discussion IRC, nous allons voir comment obtenir plus d'informations sur vos correspondants.

Un peu d'espionnage

Il peut sembler étrange de vouloir espionner les utilisateurs ; il n'est pas question ici d'entrer dans la vie privée des gens mais d'avoir quelques informations techniques supplémentaires sur nos correspondants pour pouvoir, au cas où, prendre des mesures répressives ou protectives, ou simplement vérifier si votre interlocuteur est vraiment celui que vous croyez.

On pourrait penser que ces informations sont inutiles, mais il semblerait que l'anonymat apporté par l'IRC pousse certaines personnes à agir différemment que dans la vie dite “normale”. Il n'est pas rare de voir des utilisateurs hommes se faire passer pour des femmes (à des fins de plaisanteries douteuses), d'autres utiliser les surnoms de vos correspondants habituels pour essayer de vous tromper etc. De plus, ces informations vous permettront de savoir si votre correspondant est un administrateur IRC, un opérateur de canal ou un utilisateur comme vous.

La commande who

Lorsque vous entrez sur un canal, le serveur vous envoie la liste sommaire des utilisateurs déjà présents (voir la ligne (2) figure 2.4). Il est possible d'obtenir une liste plus détaillée grâce à la commande `who` dont la syntaxe est :

`/who [Nom_Canal]`

Si le paramètre `Nom_Canal` est omis, la commande `who` s'appliquera au canal courant. Dans le cas où vous ne seriez pas sur un canal particulier, la commande s'appliquera à l'ensemble des utilisateurs du réseau, ce qui est déconseillé sur les IRC principaux qui peuvent compter quelques dizaines de milliers de connectés.

```
#fr-opers SgtGarcia H    zoro@194.51.149.1 (D'un Z qui veut dire ...)
#fr-opers ZeuYen    H                     .
#fr-opers Dumpty    H*                    .
#fr-opers Eryc      H                     .
#fr-opers Sarayan   H                     .
#fr-opers Cyrion    H*@
```

Figure 2.5 : Affichage d'un /who.

La commande `who` renvoie une liste telle que celle présentée sur la figure 2.5. La première colonne donne le nom du canal sur lequel s'applique la commande, la seconde contient les surnoms des utilisateurs présents. La troisième colonne est une zone de status composée d'une lettre et d'au plus deux caractères spéciaux. La lettre est soit :

- un 'H', pour *Here* ;
- un 'G', pour *Gone*. L'utilisateur signale ainsi qu'il est sur IRC mais ne s'occupe pas activement de sa session.

Les deux caractères suivant la lettre peuvent être :

- une '*' signifie que l'utilisateur est un opérateur IRC, c'est-à-dire qu'il possède des privilèges particuliers lui permettant de connecter, déconnecter les serveurs, modifier le routage du réseau etc. Il a aussi la possibilité de vous déconnecter temporairement du réseau IRC, par ce que l'on appelle un *kill*. Cette commande est supposée permettre de lutter contre les utilisateurs à problèmes (tels que certains robots) mais est finalement à l'origine d'une quantité quasi-astronomique d'abus.
- un '@' signifie que l'utilisateur a obtenu ce que l'on appelle le privilège d'opérateur de canal (ou "op"). Cet "op" est un droit particulier permettant de gérer un canal : il donne accès aux commandes `kick` et aux modes `ban` (voir plus loin) utilisées pour rejeter des utilisateurs d'un canal.

Remarque:

- Les caractères '*' et '@' définissent deux ensembles de privilèges différents. '*' regroupe les privilèges sur le réseau IRC et les serveurs qui le composent. '@' regroupe les privilèges sur les canaux. L'un n'implique pas l'autre et les deux groupes ne sont pas exclusifs. Comme dans la vie politique, on peut cumuler les mandats et être à la fois opérateur de canal ('`@`') et opérateur `IRC` ('`*`') ou simple citoyen.

La dernière colonne donne le `login` et l'hôte depuis lequel se connecte un utilisateur. Le message entre parenthèses est ce que l'on nomme le **nom** `IRC` (traduction directe et donc mauvaise de **IRC Name**) qui est un champ d'expression libre souvent utilisé pour indiquer comment obtenir de l'aide de la part d'un robot. Pour les amateurs d'Unix, l'`IRC` *name* contient par défaut le champ GECOS du fichier des mots de passe associé à votre compte Unix. Ce champ peut être modifié au moyen de la variable d'environnement `IRCNAME`.

La commande `whois`

Si les informations fournies par la commande `who` ne sont pas suffisantes, vous pouvez utiliser la commande `whois`, qui a la syntaxe suivante :

```
/whois Surnom_1[,Surnom_2][,Surnom_3]
```

Cette commande donne des résultats beaucoup plus détaillés sur un utilisateur particulier, comme par exemple son serveur de connexion, son nom de login, etc.

Exemples :

- ```
  /whois ptibot
  *** ptibot is ptibot@levante.wind.com (Areuh !)
  *** on channels:  #francais
  *** on irc via server sil.polytechnique.fr ()
  *** ptibot has been idle 2 minutes
  ```

  La deuxième ligne donne la liste des canaux sur lequel est l'utilisateur, la ligne suivante indique le serveur `IRC` l'accueillant et la dernière ligne permet de savoir depuis combien de temps l'utilisateur n'a pas interagi sur `IRC`.

- ```
  /whois ZeuYen
  *** ZeuYen is alain@irc.insat.com (I have no regret, deal with it.)
  *** on channels:  #fr-opers
  *** on irc via server salambo.enserb.u-bordeaux.fr ()
  *** ZeuYen is away:  Parti manger, comme d'hab.
  *** ZeuYen is an IRC Operator
  *** ZeuYen has been idle 54 minutes
  ```

  Dans ce second exemple, on voit deux lignes supplémentaires apparaître. La ligne `away` permet à un utilisateur de laisser un court message à l'attention des gens désirant le contacter. Cette ligne est généralement utilisée pour signaler que l'utilisateur est toujours sur `IRC` mais n'est pas forcément devant son ordinateur. Le message ainsi défini est retourné automatiquement en réponse à un message privé (voir ci-après). Cette fonctionalité est accessible au moyen de la commande `away` qui a pour syntaxe :

```
/away [Message]
```

Pour supprimer cette ligne `away`, il suffit de saisir la commande précédente sans argument. La ligne `Operator` est une ligne de status qui indique que l'utilisateur est un administrateur `IRC`.

Echanges de messages

Le '`C`' d'`IRC` est l'initiale du mot anglais *chat* qui signifie ni plus ni moins que papotage. Bien que l'on puisse utiliser ce service pour bien d'autres choses, son but originel est (et restera) la discussion. Vous savez maintenant comment choisir un serveur ainsi qu'un canal de discussion ; il est temps d'avoir un rôle plus actif. Nous allons voir dans cette partie les commandes qui vont vous permettre de communiquer avec les autres utilisateurs.

Les messages publics

C'est la forme de base de la communication sur `IRC`. Ils sont les plus simples à réaliser puisqu'il suffit de saisir son texte et de le valider ; les **messages publics** ne sont par contre activés que si vous êtes sur un canal : dans le cas contraire, ces messages disparaîtront corps et bien dans la nébuleuse `IRC`.

Pourquoi les appelle-t-on messages publics ? La raison est simple : tout message de ce type est redistribué à l'ensemble des utilisateurs présents sur le canal lors de leur émission. Un message public est simple à reconnaître (voir les lignes (1) de la figure 2.6) : il est, en effet, précédé du surnom entre <...> de la personne qui en est à l'origine.

```
(1)  > Bonjour.
(1)  <Nounours> Salut Nicolas.
(3)  *Pimprenel* Salut toi.
(2)  -> *Primprenel* Bien dormis ?
(4)  (Babar/#Petits) Lisez Babar magazine.
(5)  -Oscar:#Petits- Oscar au pouvoir.
(6)  -Nounours- On se rebelle ?
```

Figure 2.6 : Les types de messages possibles

Les messages privés

Il arrive bien souvent que l'on ait besoin d'intimité dans ses discussions. Il existe pour cela un second type de messages appelés **messages privés**, qui ne seront envoyés qu'à un nombre restreint (un à trois) d'utilisateurs. Pour les utiliser, il n'est pas nécessaire d'être sur un canal de discussion quelconque. On utilise la commande suivante :

```
/msg Surnom1[,Surnom2[,Surnom3]] Texte du message
```

Le paramètre `Texte du message` peut contenir tout type de caractères, le message sera transmis tel quel sans aucune interprétation ni transformation de la part de votre logiciel. Il est donc possible d'utiliser des caractères accentués ou de gestion des styles de texte (passage en gras, italique, etc.).

Exemples :

- `/msg BugBot $help`
  Envoie le message `$help` à l'utilisateur BugBot ;
- `/msg BipBip,Vil Eat at Joe's`
  Envoie un même message à deux utilisateurs.

Pour les distinguer des messages publics, leur affichage est différent. Lorsque vous envoyez un message privé (marqué (2) sur la figure 2.6), celui-ci apparaît sur votre écran sous la forme :

`-> *Surnom_Destinataire* Texte du message`

Lorsque vous recevez un message privé (marqué (3) sur la figure 2.6), il s'affiche sous la forme :

`*Surnom_Expéditeur* Texte du message`

Les messages publics hors canaux

Il est possible d'envoyer un message public à un canal en particulier et non forcément au canal actif. Il n'est, d'ailleurs, pas nécessaire d'être sur le canal en question, mais celui-ci doit autoriser ce genre de messages (voir plus bas). Pour cela, on utilise toujours la commande `msg`, mais avec la syntaxe suivante :

`/msg #NomCanal Texte`

Un tel message apparaîtra sur les écrans de tous les utilisateurs du canal sous la forme (voir la ligne marquée (4) sur la figure 2.6) :

`(Surnom_Expéditeur/#NomCanal) Texte`

Exemple :

- si l'utilisateur Truc saisit la commande suivante :

  `/msg #fr-opers Je veux être ircop`

  cela provoque l'affichage du message public

  `(Truc/#fr-opers) Je veux être ircop`

  sur le canal #fr-opers.

Les notices

Troisième forme de messages, les **notices**. Plutôt utilisées pour des informations de type administratif par les opérateurs `IRC`, les notices sont toutefois accessibles à tous les utilisateurs. Comme pour les messages, les notices peuvent être soit publiques soit privées. Les notices publiques sont en général adressées à l'ensemble d'un canal ; les notices privées sont par contre destinées à un seul utilisateur. On peut créer des notices grâce aux commandes :

```
/notice #NomDeCanal Texte de la notice publique
/notice Surnom Texte de la notice privée
```

Exemple :

- `/notice #fr-opers Je veux être ircop`
- `/notice BugBot $help`

Les notices sur canal apparaîtront sous le format suivant (voir la ligne (5) sur la figure 2.6) :

`-SurnomExpéditeur:#CanalDestinataire- Message`

tandis que les notices privées seront affichées comme suit (ligne (6) de la figure 2.6) :

`-SurnomExpéditeur- Message`

Les options supplémentaires pour les opérateurs IRC

Les administrateurs et autres opérateurs `IRC` n'ont pas à proprement parler accès à d'autres types de messages ; ils peuvent par contre étendre les messages précédents à un ensemble d'utilisateurs. Cette fonctionnalité est utilisée pour des messages de type administratif. Pour cela, il suffit de remplacer dans les commandes `notice` et `msg` le champ `Surnom` par :

- $MasqueDomaine : pour avertir tous les utilisateurs du réseau `IRC` dont le nom de domaine est défini par un masque classique ;
- #MasqueServeur : permet d'avertir les utilisateurs connectés sur les serveurs dont le nom est défini par le masque suivant le #.

Exemple :

- `/notice $*.uk Vous avez le bonjour d'Edith C.`
  Envoie une notice à l'ensemble des utilisateurs du réseau `IRC` dont le nom de machine se termine par '`.uk`' ;
- `/notice #*.u-bordeaux.fr Rupture de la liaison Aquarel`
  Envoie une notice à l'ensemble des clients connectés sur les serveurs `IRC` dont le nom se termine par '`.u-bordeaux.fr`'.

Question de modes

Si l'on compare `IRC` à un salon de thé, il est légitime de se demander qui fait le ménage, la cuisine, qui discute et qui mène la discussion. Ces questions trouvent réponses avec la commande `mode`. Cette commande fourre-tout et indispensable, permet de modifier le comportement de votre client mais aussi des canaux de discussions (à condition d'en être opérateur).

Un mode est caractérisé par une lettre unique, par exemple '`i`' qui permet de gérer son invisibilité. Un mode peut être activé (dans ce cas on le fait précéder du signe '`+`') ou désactivé (s'il est précédé par un '`-`'). Il est possible de fixer plusieurs modes en une seule commande, par exemple :

```
/mode #NomCanal +st
```

est équivalente à

```
/mode #NomCanal +s
/mode #NomCanal +t
```

et

```
/mode #NomCanal +i-pt
```

à

```
/mode #NomCanal +i
/mode #NomCanal -p
/mode #NomCanal -t
```

La section suivante est consacrée à la présentation de tous les modes disponibles sur `IRC`.

Les modes client

Le mode '`o`' :
Aussi appelé "op", c'est sûrement le mode le plus utilisé sur `IRC`. Il permet, en effet, de gérer les canaux, c'est-à-dire le plus souvent, faire le ménage en mettant à la porte certains utilisateurs indésirables.

Ce mode donne donc les pleins pouvoirs sur la gestion d'un canal ; on comprend donc aisément pourquoi il ne peut être donné que par un autre utilisateur le possédant déjà. Cet utilisateur l'aura lui aussi obtenu grâce à une autre personne, ou alors en créant le canal. En effet, l'utilisateur qui crée un canal obtient directement le mode '`+o`' sur celui-ci.

Ce mode n'a de signification que si vous êtes à l'intérieur d'un canal ; il n'est actif que tant que vous resterez dans le canal sur lequel vous l'avez obtenu. Si vous sortez d'un canal sur lequel vous aviez obtenu l'op, il faudra le réobtenir lors de votre prochaine visite.

On gère donc les op grâce à la syntaxe suivante :

```
/mode #NomDeCanal +/-o[o][o] Surnom1 [Surnom2] [Surnom3]
```

Remarque :

- Il est possible de rajouter une quatrième personne, mais ceci est risqué : en effet, certains serveurs vont tronquer l'utilisateur supplémentaire. Si vous êtes sur un réseau `IRC` hétérogène, il y aura **désynchronisation** entre les serveurs, phénomène appelé **desynch**, c'est-à-dire que certains serveurs sauront que le quatrième utilisateur possède le mode '`+o`' et d'autres non. Ce ne serait pas grave si ce n'est que le fondement d'`IRC` est d'être une structure répartie / locale. Répartie car constituée de plusieurs serveurs sur Internet et locale car chaque serveur connaît tout des autres. Théoriquement, ce schéma ne devrait fonctionner que si à un moment donné tous les serveurs possèdent la même information. Ce postulat est impossible à réaliser, mais en pratique cela fonctionne plutôt honnêtement. On évitera donc de mettre quatre utilisateurs dans le même mode '`o`'.

Le mode '`i`' :
Ce mode particulier permet de gérer son invisibilité : s'il est actif (`+i`), vous n'apparaîtrez pas lors de commandes `who`. Plus précisément, la commande `who` peut être appliquée à tout un domaine (`/who *.fr` par exemple). Dans ce cas, si le mode '`i`' est actif, vous n'apparaîtrez pas dans les résultats. Attention, un `whois` nominatif outrepasse le mode '`i`' : les personnes connaissant votre surnom vous retrouveront donc facilement.

Pour utiliser ce mode, la commande a pour format :

```
/mode VotreSurnom +/-i
```

Remarque :

- Lorsqu'une commande `mode` s'applique à vous même (ce qui est toujours le cas pour le mode '`i`'), vous pouvez abréger :
  `/mode VotreSurnom Mode`
  en :
  `/umode Mode`
  soit, pour le mode '`i`' précédent :
  `/umode +/-i`

Le mode '`w`' :
Aussi appelé **mode wallop**. Un *wallop*, mot n'ayant pas de traduction française satisfaisante, est un message destiné à tous les opérateurs `IRC`. Pour les recevoir, il faut activer le mode '`w`'. Ce mode s'utilise de la même façon que le mode '`i`'.

Remarque :

- Les *wallops* sont devenus obsolètes autant à cause des abus d'utilisation qu'ils ont générés que par le fait que les opérateurs n'ont plus vraiment tendance à discuter sérieusement entre eux.

Le mode 's' :
Quand il est activé, ce mode permet de recevoir toutes les notices administratives du serveur auquel vous êtes connecté. Ces messages comprennent entre autres les notifications de *kill* et de connexion/déconnexion de serveurs. Le mode 's' s'utilise comme le mode 'i'.

Remarque :

- le mode 's' est devenu obsolète avec la version 2.9 du serveur IRC. En effet, ce mode est remplacé par un ensemble de canaux locaux regroupant les notices suivant leur type. Vous devez donc entrer dans un des huit canaux locaux suivants pour pouvoir recevoir les notices particulières du serveur :
  - `&KILLS` : regroupe les notices de "kill" ;
  - `&SERVERS` : regroupe les notices de connexion et déconnexion de serveurs ;
  - `&ERRORS` : regroupe les messages d'erreurs du serveur ;
  - `&CHANNEL` : regroupe les avertissements sur les désynchronisations de canaux. Un canal est dit désynchronisé si deux serveurs différents n'ont pas les mêmes informations sur le dit canal ;
  - `&HASH` : regroupe certaines statistiques sur la table de hachage du serveur ;
  - `&NUMERICS` : regroupe les messages d'erreur du protocole IRC ;
  - `&NOTICES` : regroupe les notices administratives du serveur ;
  - `&LOCAL` : regroupe les messages d'avertissement concernant la configuration du serveur.

Les modes canal

Les modes précédents permettaient de gérer le comportement de votre client IRC. Il existe un autre ensemble de modes qui ne s'appliquent plus aux clients mais aux canaux de discussion. Contrairement aux modes client accessibles à tout moment, ces modes ne sont utilisables que si vous êtes sur un canal et si vous en êtes un opérateur. Nous rappelons aussi qu'un canal peut avoir plusieurs opérateurs, qui peuvent tous modifier ses modes à leur convenance.

Le mode 'i' :
Appliqué à un client IRC, le mode 'i' permet à un utilisateur de devenir invisible. Dans le cas d'un canal, il permet de le mettre en **mode invitation** ou **invite only**. Un utilisateur ne pourra alors entrer dans un tel canal que s'il a été auparavant invité (voir la commande `invite`) par une personne déjà présente sur le canal. Ce mode permet de préserver un semblant d'intimité ou de calme selon le cas. La commande `mode` a le format suivant :

```
/mode #NomCanal +/-i
```

Le mode 'm' :
Encore appelé le **mode modéré**. Sur un canal dont le mode 'm' est activé, seul les

opérateurs (c'est-à-dire, les utilisateurs ayant obtenu le mode 'o') pourront s'exprimer. Ce mode peut être utile pour simuler des conférences, une bonne gestion du mode 'o' permettant à l'arbitre de donner la parole à chaque participant à tour de rôle ou de façon tout aussi totalitaire, avoir un public muet et un ensemble d'orateurs. Ce mode s'utilise de la même façon que le mode 'i'.

Le mode 'v' :
Le mode 'm' a une limitation : il ne laisse la parole qu'aux seuls opérateurs du canal ; or qui dit opérateur dit contrôle total du canal. Dans le cas d'un débat houleux, le fait de donner le mode 'o' à l'un des participants pourrait transformer le canal en salle de lutte gréco-romaine. Pour pallier ce défaut, il existe le mode 'v' (v pour voix) qui permet de donner la parole à certains utilisateurs sans pour autant leur donner de droit sur le canal. La commande `mode` a pour forme :

```
/mode #NomCanal +/-v Surnom
```

Le mode 'l' :
Lors de discussions avec de vieux routiers d'Internet, l'auteur a souvent entendu des couplets nostalgiques sur l'Internet de l'époque et des pamphlets enflammés sur ses qualités d'antan. L'auteur a longtemps fait partie de ces bougons grincheux et nostalgiques d'une époque où des lignes à 64 kb/s représentaient le nirvana virtuel et où il valait mieux envoyer une cartouche streamer au MIT pour recevoir la distribution complète de X-window plutôt que d'attendre plusieurs jours un transfert `ftp` plafonnant à 12 bit/s. Il est certain que l'arrivée du "grand public" a mis à genoux le réseau et a considérablement augmenté le ratio bruit/information (il suffit de voir l'état de USENET), mais plutôt que de cauchemarder sur un Internet à deux vitesses, il est préférable de mettre en place des solutions techniques pour limiter ces bruits, en attendant les Giga bit/s de transfert.

Le mode 'l', aussi appelé **mode limité**, permet de limiter le nombre d'utilisateurs sur un canal, réduisant pour le coup le bruit que l'on connaît sur les principaux canaux publics tels que le défunt **`#francais`** ou l'actuel **`#france`**. Une bonne utilisation de ce mode permet de créer des canaux plus conviviaux. On pourrait dire qu'il existe entre un canal en mode 'l' et un canal normal la même différence qu'entre un repas entre amis (convivial) et un repas de famille (lourd et bruyant).

Le mode 'p' :
Il permet de passer un canal en **mode privé**. Un canal en mode privé est plus ou moins invisible. Le nom du canal est remplacé par le mot 'Prv' lors d'une commande `list` et n'apparaît pas dans la liste des canaux sur lesquels se trouve un utilisateur lors d'une commande `whois`. Le mode 'p' s'utilise comme le mode 'i'.

Le mode 's' :
Pour les plus paranoïaques, le mode 's' permet d'être encore plus discret. Le **mode secret** permet de cacher totalement un canal : celui-ci n'apparaîtra plus lors d'une

commande `list`. Si vous cherchez un peu de tranquillité, on ne saurait trop vous conseiller la commande suivante :

```
/mode #NomCanal +istn
```

La gestion des indésirables

Il existe sur `IRC` une certaine faune d'indésirables qui prennent plaisir à perturber le fonctionnement normal des canaux de discussions et des serveurs. L'administrateur `IRC` dispose de la commande `kill` pour déconnecter temporairement certains utilisateurs et des lignes `K` pour interdire l'accès à son serveur. L'opérateur de canal a à sa disposition deux armes, le **kick** et le **ban**. L'utilisateur lambda, quant à lui, n'a comme protection que la commande **ignore**.

La commande `ignore`

Il peut arriver d'être confronté à un utilisateur particulièrement pénible, insultant, violent ou tout autre tare humaine. Il existe une commande permettant de ne plus recevoir le moindre message de la part de certains utilisateurs, c'est la commande `ignore` qui a pour syntaxe :

```
/ignore Surnom Liste de messages
/ignore login@machine Liste de messages
```

La commande s'applique donc soit à un `Surnom` précis, soit à un `login@machine` précis. On peut utiliser le caractère '`*`' pour définir des ensembles d'utilisateurs à ignorer. Le dernier paramètre est une liste composée des types de messages, séparés par des espaces, que l'on souhaite ne plus recevoir ; ces types sont à choisir parmi :

- ALL : tout type de message ;
- NONE : supprime l'effet de la commande `ignore` ;
- MSGS : les messages privés ;
- PUBLIC : les messages publics ;
- INVITES : les invitations à rejoindre un canal ;
- NOTICES : les notices ;
- WALLOPS : les messages *wallop* ;
- NOTES : les messages de *note* ;
- CTCPS : les messages de types `CTCP` tel que le `ping`.

Chaque type de messages peut être précédé d'un des trois caractères suivants :

- '`-`' : permet de ne pas ignorer certains types de messages ;
- '`+`' : ce caractère permet de détourner l'utilisation originelle de la commande `ignore` en mettant en valeur certains types de messages. Un '`+`' avant un type de message permet de mettre en inverse vidéo le surnom de l'expéditeur du message.

- '^' : permet d'outrepasser toutes les autres commande `ignore`.

Exemples :

- `/ignore SaleBete ALL`
  Permet d'ignorer toute forme de messages provenant de l'utilisateur SaleBete, cette commande est annulée par :
  `/ignore SaleBete NONE` ;
- `/ignore *@*.com MSGS NOTICE`
  Permet d'ignorer toutes les messages privés et les notices provenant de tout utilisateur dont le nom de machine se termine par '`.com`' ;
- `/ignore BstFriend +ALL`
  Permet de mettre en valeur tout type de messages envoyés par l'utilisateur BstFriend ;
- `/ignore *.com ALL -NOTICES`
  Ignore toutes formes de messages provenant d'utilisateurs dont le nom de machine se termine par '`.com`', excepté les notices.
- `/ignore * NOTICES`
  `/ignore MyBot ^NOTICES`
  La première commande permet d'ignorer toutes les notices de toutes les provenances. La seconde commande permet d'outrepasser la première ligne en acceptant les notices provenant de l'utilisateur MyBot.

La commande `kick`

La commande `kick` permet d'expulser tout utilisateur en dehors d'un canal. Pour pouvoir l'utiliser vous devez être opérateur de canal. La commande `kick` a pour syntaxe :

```
/kick #NomCanal Surnom Message d'explication
```

La personne ainsi mise à la porte verra apparaître sur son écran un message de la forme :

```
*** You have been kicked off channel #NomCanal by NomDuKicker
(Message d'explication)
```

Exemple :

- l'utilisateur BigFoot, opérateur de canal de son état, veut faire sortir un dénommé KickMe du canal `#france`, il tapera la commande suivante :

  ```
  /kick #france KickMe Tes désirs sont des ordres.
  ```

  qui affichera sur l'écran de KickMe le message suivant :

  ```
  *** You have been kicked off channel #france by BigFoot (Tes désirs
  sont des ordres.)
  ```

Le mode 'b'

Tout comme le `kill`, la commande `kick` est une sanction temporaire. Il est possible d'avoir recours à des méthodes plus définitives telles que le **ban**. Un *ban* permet de bannir définitivement d'un canal un ou tout un ensemble d'utilisateurs. On applique un *ban* grâce à la commande `mode` :

```
/mode #NomCanal +b [MasqueSurnom!][MasqueLogin@][MasqueMachine]
```

Les masques peuvent être réduit à '*' pour englober tout un ensemble d'utilisateurs ou machines. Si les masques sont omis, la commande `ban` affichera la liste des bannis sur le canal.

Exemples :

- `/mode #france +b *!*@*.flood.com`
  Permet de bannir tout utilisateur connecté depuis une machine dont le nom se termine par '`.flood.com`' ;
- `/mode #france +b *!floodbot@*.flood.com`
  Permet de bannir l'utilisateur `floodbot` depuis n'importe quelle machine du domaine `flood.com` ;
- `/mode #france +b *!*@*`
  Très mauvaise idée ;
- `/mode #france +b FloodBot`
  Interdit l'accès à tout utilisateur utilisant le surnom `FloodBot`. Ce type de *ban* est assez inefficace en termes de protection, puisqu'il suffit de changer de surnom pour l'outrepasser ;

Remarque :

- Attention, la liste des utilisateurs bannis est remise à zéro lors de la création du canal.

La déconnexion

`IRC` est sûrement un logiciel développé par France Télécom pour augmenter notre consommation d'unités téléphoniques. Il est, en effet, assez difficile d'en sortir une fois que l'on a testé ces conversations virtuelles. Il existe d'ailleurs une expression anglaise pour désigner ce phénomème qui est *IRC addiction* que l'on peut traduire par : intoxication ircienne. Pour ceux qui voudraient se désintoxiquer, il existe un forum de discussion spécialisé dans cette pathologie qui a pour nom `alt.irc.addict`. Comme quoi au royaume du n'importe quoi, le WEB n'est pas l'unique monarque.

Sortir d'un canal

Il n'est pas rare de passer d'un canal à l'autre au cours d'une session IRC [2]. Nous savons déjà entrer sur un canal grâce à la commande `join`. Pour en sortir, il suffit d'utiliser la commande `part` qui a pour format :

```
/part #NomCanal
```

Remarque :

- On peut utiliser le caractère '*' à la place du nom de canal : la commande `part` s'appliquera alors au canal courant.

Sortir d'IRC

Il est temps maintenant de quitter IRC. Pour vous déconnecter de votre serveur d'accueil, il suffit d'utiliser la commande `quit`, qui a pour syntaxe :

```
/quit [Texte]
```

Dans le cas où vous étiez sur un canal, un message du type :

```
*** Signoff:  Surnom (Texte)
```

sera envoyé à tous les utilisateurs du canal.

Si le paramètre `Texte` n'est pas utilisé, il est automatiquement remplacé par le mot `Leaving`. Il peut aussi prendre comme valeur le type d'erreur ayant provoqué l'arrêt de votre client, par exemple :

```
*** Signoff:  Surnom (EOF From client)
```

Ces premiers pas sur IRC sont maintenant terminés. Il va vous falloir les mettre en pratique et donc, pour cela, commencer par choisir votre client préféré. C'est l'objet du prochain chapitre.

[2] Une nouvelle forme de zapping.

3

Les clients IRC

Le client est roi !

`Plaisanterie d'administrateurs IRC`

On peut trouver étrange d'avoir choisi un client texte sous Unix pour illustrer le chapitre des premiers pas sur `IRC`, surtout en ces temps de débauche graphique sur un marché quasiment fagocité par les compatibles PC. Ce choix ne relève pas d'une poussée de nostalgie de la part de l'auteur mais s'explique par le fait que les logiciels des autres plate-formes ne font qu'encapsuler les commandes `IRCii` que nous venons de voir. La commande `join`, par exemple, se présentera sous la forme d'un :

Figure 3.1 : Zircon

ou encore d'un :

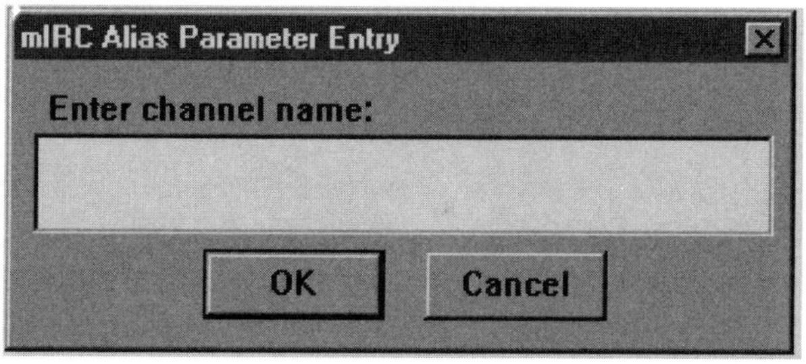

Figure 3.2 : mIRC

De plus, les meilleurs clients PC ou Mac offrent la possibilité de saisir directement les commandes `IRCii`. A terme, il y a fort à parier que vous les utilisiez à la place de l'interface graphique beaucoup moins réactive, ce qui est préjudiciable sur IRC où la vitesse est souvent synonyme de survie.

Cette partie est donc consacrée à la présentation des clients IRC sur les systèmes d'exploitation les plus courants c'est-à-dire Windows 95 ou 3.1, Mac et les différentes implémentations d'Unix.

Internet, et plus particulièrement IRC, étant étroitement liés au système Unix, nous commencerons par ce grand ancêtre.

Les clients Unix

A la différence des autres plates-formes logicielles, si vous désirez utiliser un client IRC sous Unix, vous devrez passer par une phase de compilation relativement simple pour les dernières versions des clients. Il vous suffira de suivre pas à pas la documentation d'installation fournie[1].

IRCii

`IRCii` est le client le plus utilisé sous Unix. C'est d'ailleurs celui que nous avons choisi pour illustrer nos premiers pas sur IRC. Sa présentation sera plus concise que celles des autres clients. La caractéristique principale d'`IRCii` est d'être entièrement en mode texte, comme on le voit sur la figure 3.3. Son interface ne choquera pas les amateurs de GNU Emacs et donnera un nouvel argument aux détracteurs d'Unix. D'un abord un peu rugueux, `IRCii` ne révèlera sa puissance qu'après un temps d'adaptation relativement réduit (tout au plus une demi-journée). Il fonctionne sur la plupart des Unix modernes et de plus son interface en mode texte lui permet de fonctionner en dehors de tout environnement graphique (que ce soit X-window ou Openwindow).

Installation de `IRCii`

`IRCii` est un logiciel du domaine public ; vous pouvez donc l'utiliser comme bon vous semble. Il est fourni sous forme de sources en C que vous aurez à compiler pour votre système. Ces sources sont disponibles par FTP aux adresses suivantes :

- Le site officiel :
  `ftp.funet.fi`
  dans le répertoire :
  `/pub/unix/irc/IRCii`
- Aux États-Unis :
  `cs-ftp.bu.edu`
  dans le répertoire :
  `/irc/`

[1] RTFM ;-)

A notre connaissance, il n'existe pas de site miroir en France.

Mis à part les logiciels de décompression (`uncompress` ou `gunzip`) et d'archivage (`tar`) habituels, `IRCii` ne nécessite pas de paquetage logiciel supplémentaire. Une fois désarchivé, il ne vous reste plus qu'à le compiler pour votre système. Le script `easyinst` est là pour faciliter cette phase ; pour plus d'informations, il est préférable de lire la documentation fournie et plus particulièrement le fichier `INSTALL`.

Look and feel

La figure 3.3 présente un écran standard d'`IRCii`. Cette fenêtre est divisée en trois zones.

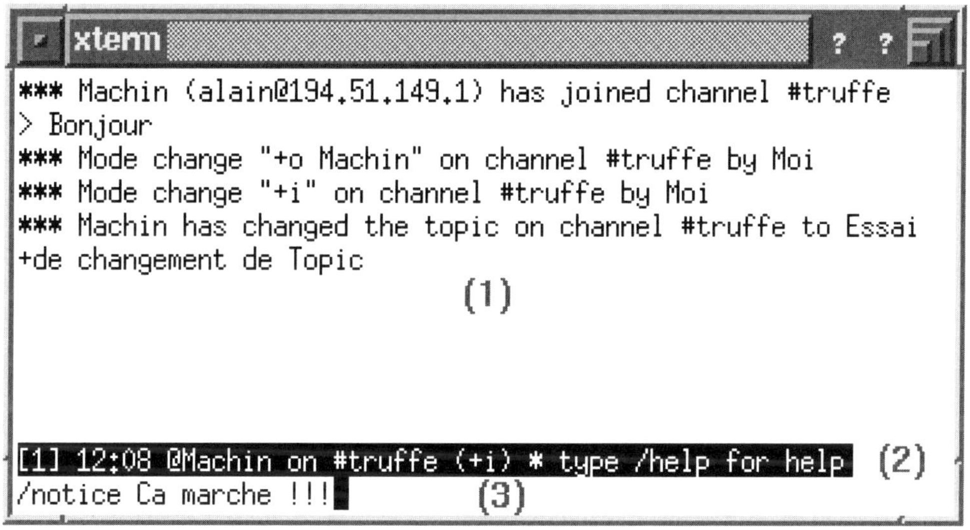

Figure 3.3: Ecran principal de `IRCii`

La zone texte
C'est dans la zone marquée (1) sur la figure 3.3 qu'apparaissent les messages et les résultats de vos commandes. Cette zone est à défilement automatique, sauf si votre fenêtre X-window est mal configurée.

La zone de status
Ce bandeau en vidéo inversée est composé de 5 parties :

- le numéro de fenêtre active ici '`[1]`'. Le logiciel `IRCii` est multi-fenêtres : celles-ci sont affichées en tant que subdivisions de la zone texte. Chaque fenêtre peut être affectée à des canaux particuliers. On se reportera à l'aide de la commande `window` accessible par `/help window` pour une description plus détaillée ;
- l'heure, ici '`12:08`'. Ce champ est plus utile qu'on ne pourrait le croire ;

- votre surnom, précédé d'un '`@`' si vous êtes opérateur de canal et d'une '`*`' si vous êtes opérateur `IRC` ;
- le dernier champ étant le nom du canal courant dans la fenêtre. Si le canal est en mode privé son nom est remplacé par '`*private*`'. Juste après le nom, on trouve entre parenthèses les modes du canal, ici '`(+i)`'.

La zone de commandes
C'est un champ éditable dans lequel vous pouvez saisir les commandes `IRCii` vues précédemment. Comme une grande partie des logiciels Unix, cette ligne de commande accepte les séquences de touches de déplacement et d'édition propres à GNU Emacs, dont il reprend aussi la présentation.

Le côté austère d'`IRCii` peut effrayer. Ses commandes de base sont pourtant extrêmement simples à apprendre et à maîtriser. Sa rapidité et sa puissance en font pourtant le compagnon idéal pour ceux qui voudraient réellement s'investir dans l'`IRC`. Seul inconvénient de taille, il n'existe que pour les systèmes Unix.

Possibilités particulières

Le meilleur moyen pour connaître `IRCii` est encore de l'utiliser ou bien de lire la documentation fournie, ce qui pour tout informaticien qui se respecte est impossible. Le but de cet ouvrage n'est pas de se substituer aux documentations des logiciels testés : nous n'expliquerons donc pas en détails toutes leurs possibilités mais il est par contre impossible de ne pas parler du langage IRCii.

`IRCii` (le logiciel) possède un langage interne qui permet de réaliser des macro-commandes simples comme passer en inverse vidéo les messages vous étant destinés, ou plus ambitieuses, comme la création de robots `IRC` (voir le chapitre qui leur est consacré).

Les spécialistes de la sémantique et de l'analyse syntaxique pousseraient certainement de grands cris d'effroi devant les spécifications du langage mais qu'importe. L'`IRCii` n'a jamais eu l'ambition d'être autre chose qu'un langage facile d'accès et bien adapté à la réalisation de scripts pour `IRC`. Il est, cependant, suffisamment complet pour permettre d'écrire des robots `IRC`. Il est par contre assez difficile de trouver sur le réseau une bonne documentation sur ce langage. Les développeurs devront se reporter à l'aide en ligne fournie avec le client `IRCii` (au moyen de la commande `/help ircII programming`) et faire preuve de beaucoup de patience car ce langage est une véritable horreur comme on peut le lire dans l'aide même d'IRCii.

Exemples :

- ```
  assign couleur.1 rouge
  assign couleur.2 vert
  assign couleur.3 bleu
  foreach couleur index { echo $index $blue[$index] }
  ```
  Les trois premières lignes de l'exemple, permettent de déclarer et d'initialiser un tableau à trois éléments de nom `couleur`. La dernière ligne permet de parcourir la structure `couleur` au moyen d'un `index` (qui s'auto-incrémente en fin de
  ```

boucle) et d'imprimer son contenu. Les amateurs de langages de programmation apprécieront.

Autre exotisme, le fichier `.ircrc`. Ce fichier permet de configurer votre client `IRCii` à l'aide de commandes du langage IRCii (la boucle est bouclée). Pour être actif, ce fichier doit être présent lors du lancement du client dans le répertoire d'accueil de votre compte Unix. On trouvera en Annexe un exemple de fichier `.ircrc` commenté. Ce fichier de configuration étant écrit en IRCii, il n'a pour limites que celles du langage. Tout est donc permis dans un fichier `.ircrc`, et les plus puissantes boîtes à outils en IRCii peuvent transformer votre client préféré en une usine que ne renierait pas la mairie de Lacq.

Zircon

Le second client `IRC` pour station Unix que nous abordons s'appelle `Zircon`. Ce logiciel est une tentative de création d'une interface graphique "ergonomique". Comme nous le verrons par la suite, interface graphique rime encore avec lourdeur.

Présentation générale

`Zircon` est une création de Lindsay Marshall. Tout comme `IRCii`, ce logiciel fait partie du domaine public mais c'est le seul point qu'ils aient en commun. Alors qu'`IRCii` va directement à l'essentiel, quitte à rebuter certains utilisateurs, `Zircon` enrobe toutes ses commandes dans une couche d'interface graphique épaisse et sirupeuse qui à la longue est indigeste.

La création d'une interface graphique réellement ergonomique et ne parodiant pas les interfaces textuelles en encapsulant des commandes dans de jolis boutons généralement en relief, n'est apparemment pas à la portée de tous. `Zircon` fait partie de ces logiciels qui partent avec une bonne intention et ratent un tournant en chemin pour aller s'abîmer au fond d'un ravin déjà bien rempli par les interfaces de Microsoft (quoi que l'on puisse débattre longuement sur la bonne intention de départ.).

La critique étant tellement facile, l'auteur souhaite tout de même rendre hommage à Lindsay Marshall pour son travail de passionné qui permettra à certains utilisateurs de découvrir `IRC` sans trop de difficultés.

Installation de `Zircon`

L'installation de `Zircon` est un peu plus lourde que celle d'`IRCii`. Il faut, en effet, installer auparavant les dernières versions des bibliothèques `TCL` et `Tk` que l'on peut se procurer aux adresses suivantes :

- sur le WEB à l'URL suivante :
  `http://www.sunlabs.com/research/tcl/`
  on trouve une page plutot complète d'information sur `TCL` et `Tk` ;

- par FTP, on peut trouver les sources de ces deux librairies logicielles sur le site :
  `ftp.sunlabs.com`
  dans le répertoire `/pub/tcl/`.

Les sources de `Zircon` sont, quant à elles, disponibles ici :

- soit sur le WEB à l'URL suivante :
  `http://catless.ncl.ac.uk/Programs/Zircon/` ;
- ou par FTP à l'adresse :
  `ftp.catless.nsl.ac.uk`
  dans le répertoire `/pub/`

Globalement, l'installation de `Zircon` se déroule sans problème, même chose pour `TCL` et `Tk`, à condition d'avoir les droits de super-utilisateur. Sinon attendez-vous à devoir modifier quelques fichiers. Comme toujours dans ce genre d'installation, on ne saurait trop vous conseiller de lire la documentation jointe et plus particulièrement le fichier `README`.

Look and feel

La figure 3.4 présente l'écran standard de `Zircon`. Comme on le voit, l'auteur du logiciel a su abuser des possibilités de `Tk` en matière d'interface graphique. `Zircon` comporte trois types de fenêtres.

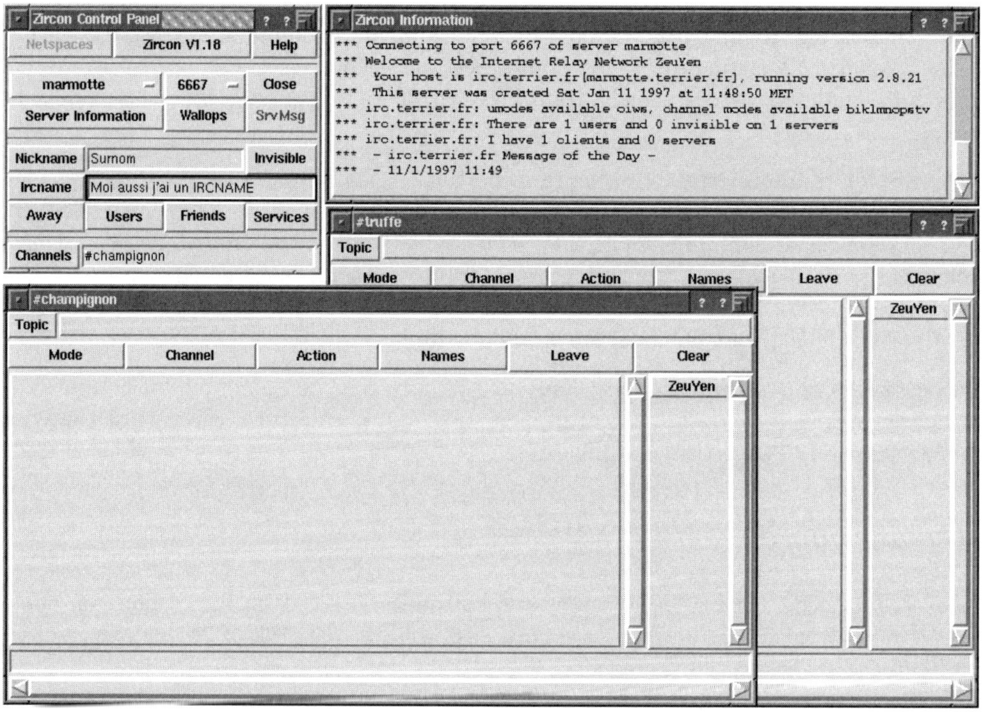

Figure 3.4 : Ecran principal de `Zircon`

La fenêtre principale
En haut à gauche sur la figure 3.4, c'est la zone de contrôle de `Zircon`. A partir de cette fenêtre, vous pouvez définir votre surnom, votre `IRCNAME`, entrer dans un canal, vous connecter à un serveur particulier, positionner votre champ `away` et avoir accès à toutes les commandes s'appliquant à des utilisateurs, telles que `whois`, `who`, `ping` et autres que nous avons vues au cours du chapitre précédent.

La fenêtre serveur
Cette fenêtre (en haut à droite) recueille tous les messages envoyés par le serveur `IRC` sur lequel vous êtes connecté. La bannière d'accueil est, par exemple, affichée dans cette fenêtre, de même que les messages de `kill`. De part la nature des messages apparaissant dans cette fenêtre, il est important de toujours conserver un œil sur son contenu. Or, comme on le voit sur la figure 3.4, `Zircon` envahit rapidement votre espace de travail ; il devient alors difficile de toujours conserver la fenêtre serveur en avant-plan. C'est ce genre de détails qui démontrent la lourdeur de ce logiciel.

La fenêtre canal
Les deux fenêtres du bas sont des fenêtres canal ; en effet, `Zircon` associe une fenêtre à chaque canal actif. Ces fenêtres sont divisées en cinq champs. Le champ "Topic" permet de changer le sujet du canal à condition d'en avoir les droits. Le second champ est une barre de boutons permettant d'effectuer des actions diverses comme les changements de modes. L'intérêt principal de `Zircon` est de construire dynamiquement des listes d'utilisateurs et de canaux, et de modifier son interface pour créer des raccourcis permettant d'appliquer certaines commandes directement, sans avoir à saisir de paramètre supplémentaire. Le bouton "Names", par exemple, contient la liste des utilisateurs du canal. Chaque surnom correspond, en fait, à un sous-menu permettant, entre autre, de faire un `who` direct sur l'utilisateur. Le troisième champ contient les messages apparaissant sur le canal. Le quatrième champ est composé d'une colonne dans laquelle apparaissent les surnoms des utilisateurs présents dans le canal. Là encore, en cliquant sur un des surnoms, on accède à un menu de commandes identique à celui ouvert par le bouton "Names". Enfin le dernier champ est une zone éditable dans laquelle vous saisirez vos messages et uniquement des messages. Il est, en effet, impossible de saisir directement des commandes dans cette zone.

`Zircon` a l'avantage d'exister mais il est extrêmement lourd à l'usage : il est pratiquement impossible de faire la moindre action sans enchaîner au minimum un menu et une fenêtre de saisie. On ne saurait donc trop conseiller `IRCii` qui, malgré son apparente laideur et son interface texte, est à la fois beaucoup plus léger et plus puissant que `Zircon`.

Il existe bien d'autres clients `IRC` fonctionnant sous Unix, mais il serait trop long et fastidieux de tous les énumérer. Nous avons préféré nous concentrer sur deux approches différentes (textuelle ou graphique) d'un client `IRC`, quitte à passer sous silence des clients écrits en EMACS Lisp, Perl et autre Python.

Nous allons maintenant voir les clients pour l'environnement PC Windows.

Les clients PC

Les clients sur PC sont légion (comme tous les programmes du domaine public sur cette architecture logicielle), il semblerait pourtant qu'un seul de ces programmes émerge de la masse : `mIRC`.

mIRC

Disons-le sans plus attendre, `mIRC` est le meilleur client disponible sur PC dans l'environnement graphique Windows 95 ou 3.11. Mis à part quelques petits problèmes d'ergonomie, `mIRC` est un client qui satisfera autant le débutant, grâce à son interface graphique et ses grandes possibilités de paramètrage, que les utilisateurs confirmés grâce à son langage de script et la possibilité de saisir les commandes `IRCii`, comme nous le verrons par la suite.

Installation de `mIRC`

Oubliez tout ce que vous avez pu lire sur les clients Unix et leur phase de configuration/compilation : avec `mIRC`, seul un double-clic souris est nécessaire pour lancer la procédure d'installation du logiciel. Il vous suffira de lui indiquer le répertoire d'accueil et de patienter le temps qu'il s'installe.

`mIRC` est un logiciel shareware (ou partagiciel si l'on veut rester francophone à tout prix). Ce terme[2] fait souvent sourire les Français, qui, comme on le sait, n'ont pas encore bien compris la philosophie cachée derrière les sharewares. Il serait dommage, au vu des qualités de `mIRC`, de ne pas récompenser son auteur pour le travail accompli.

Les sources de `mIRC` sont disponibles un peu partout sur le réseau Internet ce qui reflète bien ses qualités et sa position de leader parmi les clients PC. Pour les plus pressés, vous pouvez le trouver aux adresses suivantes :

- sur le site WEB officiel :
  `http://www.mIRC.co.uk`
- sur un miroir en France par FTP à l'adresse :
  `ftp.ciril.fr`
  La version pour Windows 3.11 se trouve dans le répertoire :
  `/pub/miroir/winsock-l/winirc/`
  et la version pour Windows 95 dans le répertoire :
  `/pub/miroir/winsock-l/Windows95/IRC/`

Une fois transférée, un double-clic sur l'archive lancera l'installation de `mIRC`. Sous Windows 95, le programme d'installation créera un groupe `mIRC` et rajoutera une entrée dans votre menu `Démarrer` qui vous permettra de lancer `mIRC` sans avoir à fouiller dans votre disque.

[2] shareware... partagiciel faisant sourire tout le monde.

Look and feel

La figure 3.5 montre un écran standard de `mIRC`. Au premier abord, on pourrait croire que `mIRC` n'est que le portage sous Windows de `Zircon` (ou le contraire) : ce serait une grave erreur. `Zircon` et `mIRC` ne partagent que l'idée de la fenêtre de status et le fait d'associer un canal de discussion avec une fenêtre.

La fenêtre status

C'est dans cette fenêtre (en haut à gauche, en arrière-plan sur la figure 3.5) qu'apparaissent tous les messages envoyés par le serveur `IRC`, ainsi que les résultats de vos commandes telles que `who`, `ping` et autres. Ces résultats seront séparés par le caractère '-' pour plus de clarté. Cette fenêtre comporte un champ de saisie en bas (après la ligne de séparation) dans lequel vous pourrez saisir des commandes de type `IRCii`. C'est sur ce point que `mIRC` dépasse `Zircon`, qui n'accepte pas les commandes au clavier, d'où son extrême lourdeur pour des utilisateurs confirmés.

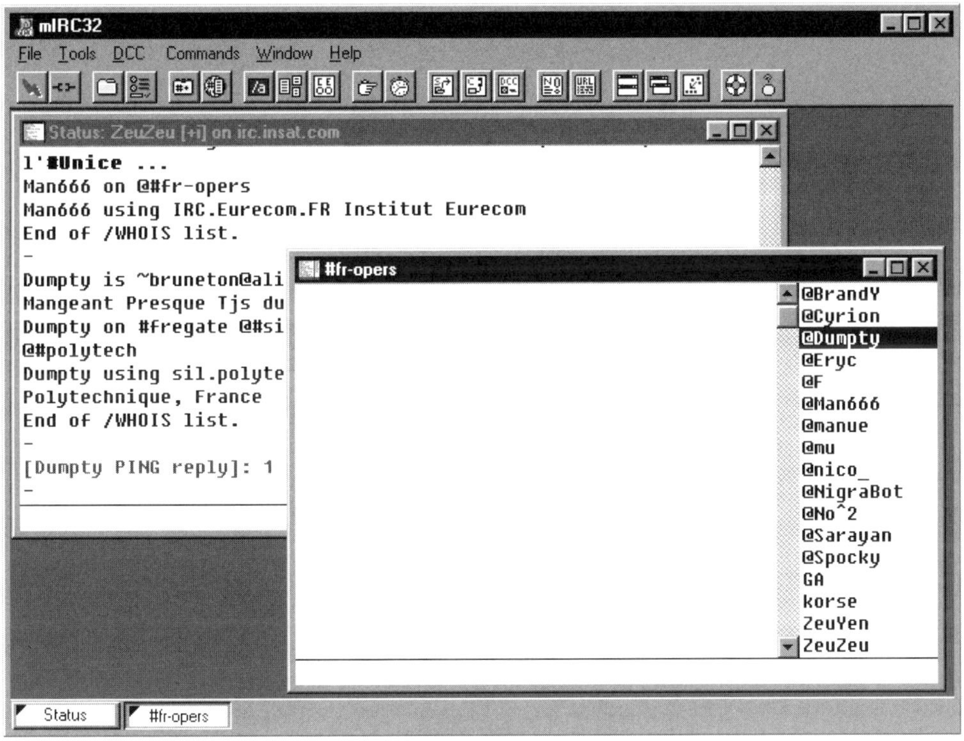

Figure 3.5 : Ecran principal de `mIRC`

La fenêtre canal

`mIRC` associe donc une fenêtre particulière (en bas à droite sur la figure 3.5) à chaque canal de discussions sur lequel vous vous trouvez. Ce choix peut se révéler très lourd lorsque vous participez à plusieurs canaux à la fois. Cela devient très contraignant quand, en tant qu'administrateur, vous devez surveiller les 8 canaux locaux sur lesquels le serveur `IRC` envoie ses messages administratifs.

Une fenêtre canal se compose de trois champs :

- la zone principale (la plus grande), dans laquelle vont apparaître tous les messages échangés sur le canal ;
- la zone des utilisateurs (à droite en hauteur) contient la liste des personnes présentes sur le canal ; c'est en fait un menu donnant accès à des commandes s'appliquant directement à un utilisateur, une sorte de raccourci ;
- la zone de saisie (en bas de la fenêtre), dans laquelle vous entrerez vos messages mais aussi les commandes de type `IRCii` vues au chapitre 2.

La barre de menu

Le terme 'barre de menu' est quelque peu abusif car cette zone se compose d'un bandeau d'icônes donnant un accès direct à certaines commandes, et d'un ensemble de menus.

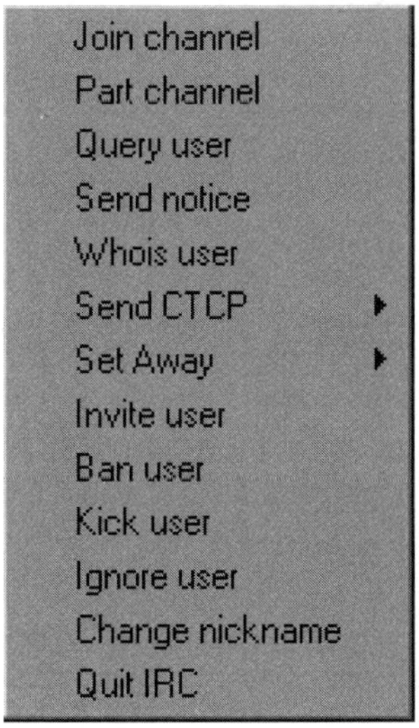

Figure 3.6 : Le menu Commands

Parmi ces menus, l'entrée qui retient notre attention porte le nom de '`Commands`'. C'est le menu de contrôle de votre session `IRC`. Comme on le voit sur la figure 3.6, c'est à partir de ce menu que vous pourrez :

- Entrer dans un canal, option `Join channel` ;
- Sortir d'un canal, option `Part channel` ;
- Rediriger tous vos messages vers un utilisateur particulier, option `Query user` ;
- Générer une notice, option `Send notice` ;
- Espionner un utilisateur, option `Whois user` ;
- Envoyer des requêtes `CTCP` comme le `ping`, option `Send CTCP` ;

- Positionner le champ `away`, option `Set Away` ;
- Inviter un utilisateur dans un canal, option `Invite user` ;
- Bannir un indésirable d'un canal, option `Ban user` ;
- Raccompagner un utilisateur à la porte d'un canal, option `Kick user` ;
- Censurer un utilisateur, vous ne recevrez plus ses messages, option `Ignore user` ;
- Changer de surnom, option `Change nickname` ;
- Sortir d'`IRC`, option `Quit IRC`.

Les entrées de ce menu sont des surcouches graphiques aux commandes vues dans le chapitre précédent. Le lecteur s'y reportera pour avoir une explication détaillée de leur effet.

Possibilités particulières

La figure 3.7 parle d'elle même. `mIRC` est le client `IRC` le plus configurable. La figure précédente n'est rien d'autre que boîte contenant les options pour modifier le comportement de `mIRC`. A peu près tout est paramétrable. L'onglet `Sounds` permet d'associer un son particulier à un événement `IRC`, par exemple un `kick`. L'onglet `Notify list` permet de gérer une liste de personnes dont vous voulez être prévenu de l'arrivée sur `IRC`. Nous ne détaillerons pas les autres onglets, il y en aurait pour plusieurs pages.

Cette pléthore d'options fait la grande force de `mIRC` face à `IRCii`, qui oblige à développer des scripts pour obtenir les mêmes résultats.

Tout comme `IRCii`, le logiciel `mIRC` intègre un langage de script portant le nom très original de : mIRC. Ce langage est assez proche de l'IRCii. Il intègre des structures de contrôles de type `if ... then ... else`, des "fonctions", des boucles etc. Ce langage est souvent utilisé pour écrire des robots `IRC` (voir le chapitre 6) où des boîtes à outils palliant certains manques de `mIRC`. Contrairement au langage IRCii, mIRC est très bien expliqué dans l'aide en ligne fournie avec le logiciel. De plus, les scripts mIRC sont beaucoup plus nombreux que ceux écrits en IRCii : il est donc plus aisé de trouver de l'aide directement sur le réseau. Pour bien démarrer nous pouvons conseiller l'URL suivante :

`http://www.hipshop.com/scripts.html`

En conclusion, `mIRC` est l'un des meilleurs clients, toute architecture logicielle confondue. En l'absence d'un portage d'`IRCii` dans l'environnement Windows, nous ne pouvons que conseiller aux utilisateurs d'adopter ce logiciel.

Remarque :

- la version 5 de `mIRC` vient de sortir. Pas de grande révolution en vue par rapport à la version 4 si ce n'est une centaine d'erreurs corrigées. C'est plus une évolution et une mise au goût du jour, qu'une révolution. Cette version est disponible aux adresses vues plus haut.

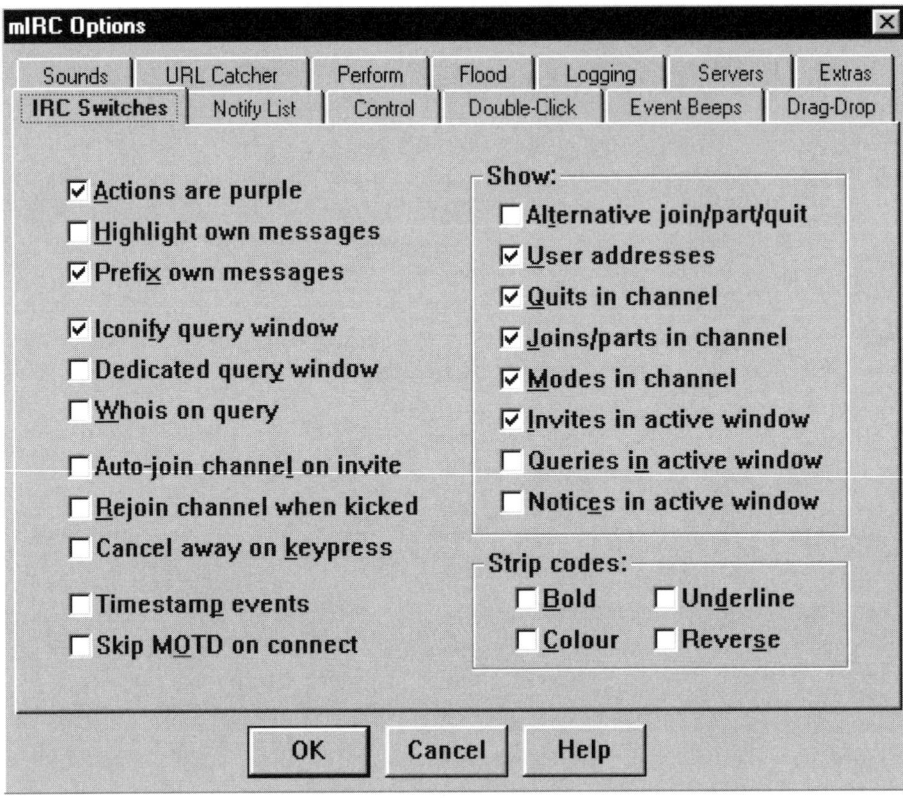

Figure 3.7: Les options de `mIRC`

Les clients Mac

La machine Internet par excellence (dixit Apple) se devait de posséder un client `IRC` digne de ce nom ; c'est le cas avec `IRCle`.

IRCle

Les scientifiques se sont toujours demandés, qui de la poule ou de l'œuf vint au monde en premier. On peut se poser la même question lorsqu'on voit la similitude qui existe entre `IRCle` et `mIRC`. Nous ne sommes pas là pour dire qui a copié qui mais, tout de même, la ressemblance est étrange.

Installation de `IRCle`

Tout comme `mIRC`, l'installation de `IRCle` est un vrai bonheur, il suffit de rapatrier l'achive et de double-cliquer sur elle pour lancer l'installation. Cette archive est disponible aux adresses suivantes :

- par FTP sur le serveur :
  `cs-ftp.bu.edu`
  dans le répertoire : `irc/clients/macintosh`
- par FTP sur le serveur :
  `ftp.funet.fi`
  dans le répertoire :
  `pub/unix/irc/mac/`

Look and feel

On peut voir sur la figure 3.8 comment se présente un écran `IRCle` standard. Les similitudes avec `mIRC` sont flagrantes. Les deux logiciels se ressemblent effectivement en beaucoup de points, mais il semblerait que `IRCle` soit plus compact dans son affichage.

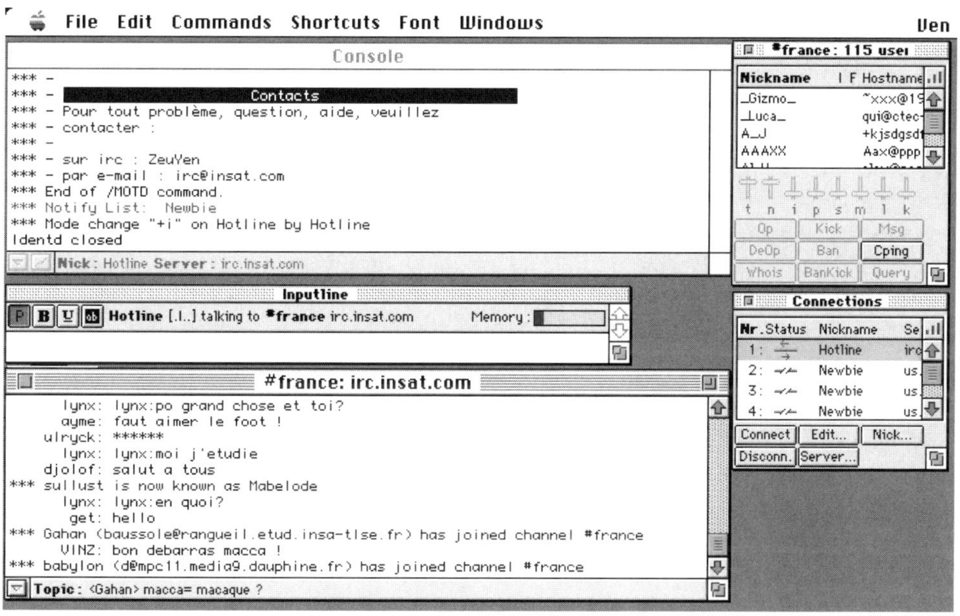

Figure 3.8 : Ecran principal de `IRCle`

La fenêtre status

La fenêtre status est située en haut à gauche de la figure. Au risque de se répéter, cette fenêtre regroupe tous les messages de type administratif en provenance du serveur, notamment la bannière d'accueil. Son rôle est exactement le même que la fenêtre de status de `mIRC`. Il est par contre impossible d'y saisir la moindre commande, le champ éditable de la fenêtre de `mIRC` étant remplacé par une zone d'informations contenant votre surnom et le nom du serveur `IRC` sur lequel vous êtes connectés. Ainsi que des icônes vous permettant de vous déconnecter et donnant accès à un menu d'options.

La fenêtre canal

La fenêtre canal se trouve en bas à gauche sur la figure 3.8, `IRCle` est multi-canal et associe à chacun d'eux une fenêtre de ce type. Les fenêtre canaux contiennent tous les messages associés à un canal, il n'est pas possible d'y saisir des commandes directement : elles ne sont que des zones d'affichages et non de saisie. La zone du bas contient le *topic* en cours sur le canal.

La fenêtre utilisateurs

On a dit que `IRCle` se différenciait de `mIRC` par son affichage plus compact. Premier exemple de cette différence : la fenêtre utilisateurs (en haut à droite de la figure 3.8). Cette fenêtre contient la liste des utilisateurs du canal courant. Alors que `mIRC` prévoit une zone contenant cette liste dans chaque fenêtre canal, `IRCle` utilise la même fenêtre, qu'il fait évoluer suivant le canal en court. L'espace d'affichage ainsi gagné est assez important, ce qui n'est pas négligeable pour des écrans de tailles modestes.

Cette fenêtre regroupe donc la liste des utilisateurs présents sur un canal, et permet grâce à un ensemble de boutons d'appliquer certaines commandes telles que le `kick`, les `msg` et autres `whois` directement sur un utilisateur. De plus, un ensemble de switchs permet de gérer les modes du canal courant, à condition d'en être l'opérateur.

La fenêtre de commandes

On trouve cette fenêtre au milieu à gauche sur la figure 3.8. C'est dans cette zone que vous saisirez les commandes de types `IRCii` et vos messages. Un ensemble de boutons permet de définir le style graphique (gras, souligné ou inverse vidéo) des messages que vous envoyez. Le reste de la fenêtre donne des informations sur la mémoire utilisée, le serveur sur lequel vous êtes connecté et votre surnom.

La fenêtre connexions

Cette fenêtre (en dessous de la fenêtre des utilisateurs) permet de gérer des profils de connexions. C'est-à-dire, associer un surnom à un serveur, par exemple, sauvegarder ces profils et les rappeler d'un simple double-clic.

Possibilités particulières

`IRCle` met bien à profit les possibilités graphiques et sonores [3] des Macintoshs. Tout comme `mIRC`, ce client permet d'associer à chaque événement (`kick`, `notice` etc.) un son particulier. Cette fonctionnalité est configurée par défaut, elle sera vraisemblablement désactivée dans les 2 minutes qui suivront le lancement du logiciel. L'idée est bonne mais demandera une configuration soigneuse pour ne pas transformer votre client en un mauvais orchestre qui vous fera détester les capacités sonores de votre ordinateur.

`IRCle` se démarque de `mIRC` par ses possibilités vidéo. Il est, en effet, possible d'utiliser des caméras pour voir vos correspondants. Ne pensez tout de même pas utiliser cette possibilité au travers d'une liaison RTC à 28 800 bauds.

[3] Multimédia, pour faire moderne.

Tout comme mIRC et IRCii, IRCle accepte des scripts externes pour étendre ses possibilités. Ces scripts sont écrits en Apple Script. On trouvera sur le site suivant des exemples de scripts pour IRCle :

http://www.owner2owner.com/kriptik

Résumons ce long chapitre sur les clients IRC en quelques mots. Suivant votre architecture système, il est conseillé d'utiliser :

- sur Unix : IRCii pour sa rapidité, ses possibilités d'extension *via* le langage IRCii et l'exhaustivité de ses commandes ;
- sur PC avec Windows 95 ou 3 : mIRC pour ses possibilités de configuration, son langage de scriptage ;
- sur Macintosh : IRCle pour les mêmes raisons que mIRC.

Il existe bien d'autres clients pour PC ou Macintosh, mais la très grande majorité d'entre eux ne valent pas le détour. Nous n'avons abordé dans cette partie que les logiciels IRC réellement utilisables, ce sont d'ailleurs ces trois logiciels qui sont plébicités par le public, comme le prouve le nombre de transferts de la dernière version de mIRC quelques jours après sa sortie.

Les deux chapitres suivants vont nous permettre d'aborder l'installation et la configuration d'un serveur IRC. Si vous ne désirez utiliser ce service qu'en tant qu'utilisateur, vous pouvez passer directement au chapitre concernant les robots IRC.

4

Installation d'un serveur IRC

Comment se procurer les sources des serveurs IRC ?

Quelle version du serveur ?

Malgré la présence d'une RFC, il existe un grand nombre de serveurs `IRC` disponibles qui ont tous en commun d'être dans le domaine public. Cette pléthore de serveurs s'explique par diverses raisons diplomatico-sociales qui donneraient matière à plusieurs thèses en cyber-anthropologie et qu'il serait vain d'exposer ici.

On a vu dans le chapitre précédent qu'il existe non pas un, mais plusieurs réseaux `IRC` ; parmi les plus utilisés, on trouve :

- `EFnet` : le plus ancien, le plus grand, le plus sauvage, le plus lent, en deux mots "le plus". Accueille plus de 30 000 utilisateurs en même temps sur 74 serveurs. Un doux parfum d'anarchie souffle sur ce réseau, bien que certains pensent que les administrateurs américains se prennent plutôt pour des monarques absolus. Les abus y sont nombreux et la qualité de service y est plutôt moyenne ;
- `IRCnet` : ce réseau est né de la scission d'`EFnet`, suite à des problèmes diplomatiques entre le nouveau et le vieux continent. `IRCnet` correspond, en fait, à la partie Europe/Australie/Japon de l'ancien `EFnet`. On peut se demander ce qui pousse les administrateurs `IRC` à rompre tout contact. Il faut savoir que `IRCnet`

et `EFnet` ne font que refléter les mentalités en vigueur sur nos deux continents ; d'un côté, nous avons le dirigisme à l'européenne, et de l'autre le libéralisme cher aux États-Unis. Des points de vue aussi contraires ont débouché sur une véritable guerre froide qui s'est terminée par la scission du réseau `EFnet` en deux parties. `IRCnet` accueille en moyenne 15 000 utilisateurs en même temps sur 64 serveurs. Conséquence de cette pression politique, les abus de la part des administrateurs y sont relativement rares et la qualité de service très acceptable ;

- `UnderNet` : avant la séparation de `EFnet`, ce réseau était le deuxième en nombre d'utilisateurs. Il a adopté des règles de gestion des serveurs différentes. La légende veut que les utilisateurs soient mieux accueillis sur ce réseau que sur `EFnet` ou `IRCnet`, mais vous savez ce que l'on dit des légendes. `UnderNet` accueille 11 000 utilisateurs en moyenne pour une trentaine de serveurs ;
- `DALnet` : la meilleure définition pour ce réseau étant : mini-Undernet. `DALnet` accueille 6 000 utilisateurs en moyenne pour un nombre de serveurs équivalent à `UnderNet`.

Remarque :

- Pour ceux qui se demanderaient comment créer un nouveau réseau `IRC`, la réponse est toute simple ; installez votre serveur personnel, ne le reliez à aucun réseau existant et établissez vos règles de fonctionnement. Il ne vous restera plus qu'à battre la campagne pour pousser de nouveaux serveurs à se connecter à vous et faire connaître votre réseau à des clients potentiels.

Le choix du réseau `IRC` déterminera le type de serveur à installer ; il est donc conseillé d'aller y faire un tour afin de choisir le plus conforme à votre philosophie. En tant qu'utilisateurs, vous ne verrez sûrement pas de grandes différences entre ces divers réseaux, si ce n'est leur nombre de clients et leur possibilité (ou absence de possibilité) de devenir propriétaire de canaux. Cela se corse si vous décidez de devenir administrateur `IRC`. Sur `EFnet`, il suffit d'entretenir quelques relations amicales avec des administrateurs déjà en place pour obtenir les autorisations de connexions. Le fait que la connexion du nouveau serveur ne respecte pas la topologie du réseau Internet n'est d'ailleurs pas important. `EFnet` représente exactement l'image que l'on se fait du Far West. Ouvrir un serveur sur `EFnet` peut tout de même demander trois longs jours de patience. Représentez-vous, maintenant, le parlement européen avec ses lenteurs et ses manies procédurières. Et bien, `IRCnet` c'est la même chose. Sur ce réseau, ouvrir un nouveau serveur ressemble étrangement à la quête du Graal revue par les Monthy Python ; on frôle souvent le grotesque. Il faut, en premier lieu, présenter tout un dossier (un courrier électronique suffit, en fait) afin de justifier l'utilité du nouveau serveur, ce qui est légitime. Seconde phase, il faut convaincre les administrateurs de tout un pays avant d'avoir la chance de peut être avoir une connexion. La procédure est très rapide puisqu'il faut compter en moyenne trois bons mois dans le meilleur des cas. Qui aime bien châtie bien, dit le proverbe ; l'auteur pratique donc l'`IRCnet`, qui malgré tous ses défauts administratifs regroupe un grand nombre d'utilisateurs (n'est-ce pas le but d'Internet ?) et offre, surtout, une assez bonne qualité de service (pour une fois qu'une administration garantit cela, autant en profiter).

A quand une réunion EFnet et IRCnet ? Probablement jamais, au grand désespoir des utilisateurs et malgré les efforts diplomatiques et techniques des administrateurs français, chose suffisamment rare pour être soulignée.

Refermons cette parenthèse et revenons à nos ircd. Il existe donc un type de serveur par réseau IRC. Pour ne pas alourdir cet ouvrage, nous nous intéresserons seulement aux serveurs de l'IRCnet. On trouvera en annexe, une liste d'adresses permettant de se procurer les sources des serveurs destinés aux autres réseaux IRC.

On trouve, à l'heure actuelle, deux versions de ce serveur. La release 2.8.21 est la version finale de l'ancienne génération des serveurs IRC. Elle se caractérise par une très bonne stabilité et un protocole de communication particulièrement bavard. La release 2.9 est la version en cours de développement et commence à remplacer l'ancienne 2.8 ; elle est pour l'instant en perpétuelle évolution mais est parfaitement utilisable. Elle requiert par contre plus de mémoire, mais dispose d'un protocole de communication beaucoup plus léger (à partir de la version 2.9.3, les ircd implémentent des mécanismes de compression des paquets transmis), ce qui devrait soulager des bandes passantes déjà mises à mal par le WEB et autres "plugins" multimédia. De plus, les versions 2.9 peuvent être modifiées pour accepter l'extension TS du protocole.

Que signifie cette extension ? On a vu précédemment que lors d'une rupture du réseau IRC, il était possible pour deux utilisateurs présents sur des parties différentes d'utiliser le même surnom, ce qui provoque lors du rétablissement du lien, un conflit de surnoms qui éjectera les deux utilisateurs du réseau. Une autre possibilité, appelée **split riding**, que l'auteur ne s'avancera pas à traduire, permet de prendre facilement le contrôle d'un canal. Admettons que vous désiriez prendre le contrôle du canal #Numero5. Il vous suffit, pour cela, d'attendre une rupture du réseau, de chercher parmi les serveurs IRC celui qui a perdu toute information sur #Numero5, de vous y connecter et de recréer le dit canal. Etant donné que pour ce serveur vous serez le premier à pénétrer dans le canal, vous en serez l'opérateur. Lors de la reconnexion, votre nouveau statut sera propagé au reste du réseau. Vous voilà devenu opérateur du canal #Numero5 sur l'ensemble du réseau. Il est clair que ce genre d'opérations sont prohibées, mais faisons confiance à l'être humain pour en abuser au détriment des autres utilisateurs. Certains sont donc devenus des spécialistes du *nick colliding* et du *split riding*. Devant l'affluence de plaintes de la part des utilisateurs, les développeurs de l'ircd ont décidé de mettre en place des mécanismes pour réduire ces possibilités de tricherie. Deux méthodes se sont affrontées (et le mot n'est pas assez fort) :

- TS pour *Time Stamp* (ou étiquetage temporel). Le principe est simple, un serveur possédant l'extension TS doit pouvoir trier ses objets (les utilisateurs et les canaux) suivant leur ancienneté. Grâce à ce tri, le serveur peut savoir lors d'un conflit de surnom, quel est l'utilisateur qui possède le surnom depuis le plus de temps et au lieu de couper la connexion à deux clients, un serveur TS n'éjectera plus que le "fraudeur". Le même principe est utilisé pour la gestion des *split riding*. TS montre vite ses limites en cas de rupture du réseau de longue durée. En effet, comment décider si un utilisateur possédant un surnom depuis 20 minutes est plus fraudeur qu'un autre utilisant le même surnom depuis 25 minutes ?
- ND/CD pour *Nick Delay/Chanel Delay* (ou historique sur les surnoms et les canaux). Cette méthode est implémentée par défaut dans les serveurs IRC à partir des ver-

sions 2.9. L'idée est de conserver un historique des surnoms et des modes de canaux pendant un certain temps (15 minutes en général). Comment est utilisé cet historique ? Il sert ni plus ni moins à bloquer les surnoms et les canaux. C'est-à-dire que tout surnom qui n'est plus utilisé devient inutilisable pendant les 15 minutes qui suivent. Ce principe vous empêche de conserver votre surnom si vous changez de serveur sur le même réseau `IRC`.

Laquelle de ces deux extensions est la meilleure ? L'auteur n'a pas d'opinion là-dessus, hormis pour dire que `TS` ou `ND/CD` sont aussi contraignantes l'une que l'autre dans des domaines différents et qu'il n'est pas sûr que ces extensions règlent les problèmes vus plus haut. Cela n'empêche pas certains développeurs `IRC` d'avoir un point de vue plus tranché, comme on peut le voir à l'URL suivante :

`http://www.stealth.net/~kalt/irc/TS-Delay.html`

A quand l'*ircd* 3 ? La réponse standard semble être : "La semaine prochaine comme depuis 3 ans". Il est, en effet, pratiquement impossible de mettre d'accord les Européens entre eux et maintenant utopique de réunir les Américains au vieux continent. Bien au contraire, il semblerait que `EFnet` et `IRCnet` adoptent des serveurs différents. `ircd` 3 risque donc de rester un doux rêve pour encore longtemps.

Où trouver les sources ?

Il n'est pas dans notre intention de créer un n-ième annuaire des ressources d'Internet qui sera sûrement périmé avant même le passage chez l'imprimeur. Nous ne donnerons donc qu'un ensemble réduit d'adresses qui, si elles ne sont pas les plus complètes, ont au moins le mérite d'être de bons points de départ pour la recherche d'informations et ne devraient pas répondre "`404 Not Found`" avant quelque temps.

Par ftp

Les noms de fichiers et de serveur suivants sont corrects à la date du 5 Avril 1997.

- `ftp.fr.irc.org`
  Le seul miroir français disponible n'est malheureusement pas à jour : ce serveur est pratiquement vide et on n'y trouvera que la dernière version du serveur dans le répertoire `pub/servers/` ;
- `ftp.funet.fi`
  La version 2.9.2 du serveur `IRC` se trouve dans le répertoire `pub/unix/irc/server` sous le nom `irc2.9.2.tgz` (archive au format `tar gzip`) ;
- `cs-ftp.bu.edu`
  Dans le répertoire `irc/servers`, on peut trouver les archives des serveurs de l'IRCnet au format `tar` compressées par `gzip` ou `compress`. On prendra le fichier `irc2.8.21.tar.{Z,gz}` pour la version 2.8.21 du serveur ou le fichier `irc2.9.1.tar.gz` si l'on souhaite installer la release 2.9 de l'*ircd*.

Sur le Web

Le mieux est d'utiliser un moteur de recherches, et pour ceux qui n'ont pas la patience d'éplucher les 50 millions d'URL qui font la fierté d'Alta Vista, voilà une adresse regroupant une liste de points de départ forts utiles :

`http://www.yahoo.com/Computers_and_Internet/Internet/Chat/IRC`

Compilation des sources

Depuis le début de ce chapitre, nous parlons de démons et de fichiers au format `tar.gz`. Les plus perspicaces d'entre vous auront compris que l'installation d'un serveur `IRC` ne concerne que les personnes ayant accès à une station sous Unix. Il n'existe pas à l'heure actuelle de serveur `IRC` pour les plates-formes Mac ou PC (sauf si ce dernier utilise un vrai système d'exploitation : Linux). Ce manque ne devrait pas durer bien longtemps puisqu'il semblerait que Microsoft développe un tel logiciel pour la version NT de son système de fenêtres. La rumeur court qu'encore une fois Microsoft se permet de bafouer l'éthique Internet en développant dans son coin un serveur `IRC` incompatible avec les serveurs existants[1]. On trouve au détour d'un WEB, des RFC 1459 légèrement modifiées par Microsoft qui confirment malheureusement ces rumeurs.

En attendant, concentrons-nous sur des choses plus sérieuses, c'est-à-dire la compilation d'un serveur `IRC`.

Prérequis

Le démon `ircd` se compile sur une grande majorité des Unix existants c'est-à-dire : Sun OS 3 et 4, Solaris 2, HPUX, Ultrix, OSF, l'hilarant AIX d'IBM, MIPS, IRIX de Silicone, le rarissime Next, et Linux. Installer le démon sur toute autre implémentation d'Unix sera faite à vos risques et périls, mais un tel portage peut être un excellent exercice de développement système.

Pour installer ce démon, vous aurez besoin des logiciels suivants :

- un décompacteur de type `compress` ou `gzip` ;
- un désarchiveur compatible avec le format `tar`, GNU tar par exemple ;
- un compilateur C quelconque. On ne saurait trop conseiller le compilateur GNU gcc ;
- et un éditeur de texte. Pour respecter les clichés, nous conseillerons GNU[2] Emacs.

Les programmes précédents sont disponibles par FTP sur l'excellent site : `ftp.ibp.fr` dans le répertoire `/pub/gnu`.

---

[1] Après avoir créé un Active X ultra-propriétaire et jscript, nous aurons donc bientôt droit à un MS ircd.

[2] Malgré la surabondance de produits GNU, cet ouvrage n'est tout de même pas protégé par la GNU Public Licence :-)

Désarchivage

La version 2.8.21 de l'`ircd` étant considérée comme obsolète, nous installerons donc la dernière version du démon (à la date du 5 Avril 1997), c'est-à-dire la 2.9.2. Nous expliquerons aussi les nouveautés apportées par la version 2.9.3, mais celle-ci étant encore en cours de développement, nous ne garantissons pas l'exhaustivité de la liste des nouvelles fonctionnalités décrites à la fin de ce chapitre.

Première étape, désarchiver les sources du démon. On suppose que le fichier les contenant se nomme `irc2.9.2.tar.gz`. Vous pouvez donc saisir dans votre éditeur de commandes préféré la ligne suivante :

```
gunzip irc2.9.2.tar.gz
```

Dans le cas où le nom du fichier se termine par `.Z`, on utilisera la commande :

```
uncompress irc2.9.2.tar.Z
```

Cette commande va décompacter l'archive et remplacer le fichier `irc2.9.2.tar.gz` par le fichier `irc2.9.2.tar`. Il suffit maintenant de le désarchiver : pour cela vous pouvez saisir la ligne suivante :

```
tar -xvf irc2.9.2.tar
```

Si tout se passe sans problème, `tar` aura créé le répertoire `irc2.9.2` contenant toute l'arborescence des sources du serveur `IRC`.

Qu'y a-t-il dans cette arborescence ?

- le fichier `2.9-New` décrit toutes les nouvelles fonctionnalités introduites dans la version 2.9 du démon ;
- le fichier `Makefile` : c'est le script qui va configurer les sources selon votre système d'exploitation ;
- le répertoire `doc` contient divers fichiers plus ou moins intéressants comme une FAQ et le manuel (`ircd.1`). Toute la documentation est donc regroupée dans ce répertoire ;
- le répertoire `irc` regroupe les sources d'un micro-client `IRC` digne de l'époque paléolithique ;
- le répertoire `support` contient des scripts nécessaires pour la compilation du démon ;
- le répertoire `common` contient les sources C de fonctions généralistes ;
- le répertoire `include`, comme son nom l'indique, regroupe tous les fichiers d'en-tête nécessaires aux sources ;
- le répertoire `ircd` : on y trouve toutes les sources C du serveur.

Configuration

Avant de le compiler, il est nécessaire de configurer les sources du démon en fonction de votre version d'Unix. Cela se fait au moyen du fichier `Makefile` présent à la racine de l'arborescence. Pour l'utiliser, saisissez simplement la commande suivante :

```
make
```

Le script `Makefile` va rechercher dans votre système divers fichiers d'en-tête et certaines bibliothèques ; il crée aussi un répertoire particulier dont le nom est exactement celui de votre version d'Unix (par exemple, `Linux-2.0.30`). Ce répertoire contient les fichiers que vous aurez à éditer pour personnaliser votre `ircd`, ce que nous allons faire immédiatement. Placez-vous dans le nouveau répertoire.

Première étape, éditez le fichier `Makefile` présent dans le répertoire. Il n'y a pas grande modification à apporter dans ce fichier. Vous devez modifier le champ `prefix=` qui contient le chemin vers le répertoire dans lequel sera installé votre démon. Le champ `CC=` contient le nom de l'exécutable de votre compilateur C. Vous devez, ensuite, décommenter un ensemble de lignes définissant les champs `CFLAGS` et `IRCDLIBS` en fonction de votre version d'Unix. Ce sera tout pour ce fichier.

Seconde étape, éditez le fichier `config.h` présent au même niveau que le `Makefile` précédent. Nous n'expliquerons pas toutes les lignes apparaissant dans ce fichier, certaines étant beaucoup trop dépendantes de votre version d'Unix. Nous nous attarderons plutôt sur les lignes concernant le démon lui même.

EPATH et NPATH

Un serveur `IRC` peut gérer un système de notes que l'on peut rapprocher des groupes de news (pour une documentation précise, on se reportera au fichier `NOTE` du répertoire `doc`). La variable `NPATH` permet de préciser le chemin du fichier de sauvegarde utilisé par les notes. `EPATH` est le nom d'un exécutable gérant les mots de passe qui protègent certains canaux de discussion.

SPATH, CPATH, MPATH, LPATH, PPATH et TPATH

Ces six variables définissent les noms et chemins des différents fichiers constituant un serveur `IRC`. `SPATH` définit le nom du binaire contenant le serveur ; `CPATH` est le nom du fichier de configuration du démon ; `MPATH` contient le nom du fichier de la bannière d'accueil ; `LPATH` définit le fichier de log ; `PPATH` contient le nom d'un fichier dans lequel est conservé le `pid` du dernier processus serveur lancé, et `TPATH` est le nom d'un fichier contenant des données statistiques comme la taille moyenne nécessaire aux tampons internes du démon.

SHOW_INVISIBLE_LUSERS et NO_DEFAULT_INVISIBLE

Ces variables gèrent certains paramètres se rapportant à l'invisibilité des clients. La première, `SHOW_INVISIBLE_LUSERS`, autorise toute commande `lusers` à connaître le nombre d'utilisateurs invisibles sur votre serveur. La commande `lusers` permet de connaître pour un serveur donné son nombre de clients, ainsi que le nombre total de clients sur le réseau `IRC` entier. La variable `NO_DEFAULT_INVISIBLE`, si elle est définie, permet de ne pas rendre automatiquement invisible tout client se connectant à votre serveur.

OPER_KILL,OPER_REHASH, OPER_RESTART, OPER_DIE, OPER_REMOTE, LOCOP_REHASH, LOCOP_RESTART et LOCOP_DIE

Ces huit variables gèrent les droits des opérateurs IRC de votre serveur (variable de type OPER_...) et ceux des opérateurs locaux (variable de type LOCOP_...). On se reportera au chapitre suivant, plus précisement au paragraphe sur les lignes O et o.

- OPER_KILL : si cette variable est définie, vous autorisez les opérateurs de votre serveur à utiliser la commande kill qui permet de déconnecter un utilisateur du réseau IRC. N'utilisez cette commande qu'à vos risques et périls : tout abus de votre part risque d'être fortement sanctionné par la communauté des administrateurs IRC. Cette remarque dépend du réseau auquel vous êtes relié : la réaction sera beaucoup moins violente (si ce n'est inexistante) sur EFnet que sur IRCnet ;
- OPER_REHASH : lorsque cette variable est définie, les opérateurs ont accès à l'option rehash. Cette commande force le serveur à relire ses fichiers de configuration. Si cette option n'est pas activée, elle peut être remplacée par l'envoi du signal SIGHUP directement au processus serveur ;
- OPER_RESTART : même effet que la variable précédente mais pour la commande restart qui relance le serveur ;
- OPER_DIE : de même, mais pour la commande die qui stoppe le serveur ;
- OPER_REMOTE : dans le cas où cette variable n'est pas définie, les opérateurs ne peuvent accéder à leurs privilèges que s'ils sont sur le même réseau physique que le serveur.

Les variables LOCOP_... ont les mêmes significations que les variables OPER_... correspondantes, si ce n'est qu'elles définissent les droits des opérateurs locaux c'est-à-dire les opérateurs ne pouvant intervenir que sur votre serveur et non sur l'ensemble du réseau IRC.

MAXCONNECTIONS et MAXIMUM_LINKS

La variable MAXCONNECTIONS permet de borner le nombre maximal de connexions (clients et/ou serveur) que vous autorisez sur le serveur à un instant donnéd. Il faut savoir que chaque connexion correspond à un descripteur de fichiers ; vérifiez donc bien que le nombre choisi est en accord avec votre système d'exploitation (utilisez la commande Unix ulimit pour cela). La variable MAXIMUM_LINKS permet de borner le nombre de connexions simultanées entre votre serveur et les autres serveurs IRC. Un serveur feuille, par exemple, définira cette variable à 1.

CRYPT_OPER_PASSWORD et CRYPT_LINK_PASSWORD

Si ces deux variables ne sont pas définies, les mots de passe utilisés dans les lignes C, N, O et o (voir chapitre suivant) apparaîtront en clair dans votre fichier de configuration. Ceci est bien évidemment un trou de sécurité. L'archive du serveur est fournie avec les outils permettant de générer les mots de passe en version chiffrée : on trouvera ces logiciels dans le répertoire ircd/crypt. Pour compiler ces utilitaires, un simple make dans le répertoire précédent est suffisant.

IRC_UID et IRC_GID

Ces deux variables permettent de définir un UID et un GID différents sous lesquels s'exécutera le serveur IRC. On créera donc un compte Unix limité en droits que l'on affectera au serveur. Bien que l'auteur ne connaisse pas de cas de piratage *via* une faille du démon `ircd`, cette précaution supplémentaire n'est pas inutile.

CLIENT_FLOOD

Cette variable permet de définir le nombre maximal d'octets que le serveur autorise un client à lui envoyer. Cette limite ne s'applique pas à toute la session du client mais à chacun de ses envois. Ceux-ci ne doivent pas être plus longs que la limite fixée par `CLIENT_FLOOD`. Au-delà, le serveur coupera automatiquement la connexion du client.

CACHED_MOTD **2.9.3**

Cette variable apparaît avec la release 2.9.3 de l'`ircd`. Elle permet de conserver en mémoire le fichier `MOTD`, ce qui évite de le relire à chaque connexion d'un client, d'où un gain non négligeable pour les serveurs de taille importante. La mise à jour de cette mémoire tampon se fera lors d'un `rehash` ou à la réception d'un signal `SIGHUP` par le démon.

ZIP_LINKS, ZIP_LEVEL **2.9.3**

Autre nouveauté avec la version 2.9.3, la possibilité de compresser les messages échangés entre les serveurs : il faut pour cela définir la variable `ZIP_LINKS`. La variable `ZIP_LEVEL` défini le taux de compression appliqué aux transferts. Les ressources en temps machine nécessaires au serveur IRC seront inversement proportionnelle à la valeur de cette variable. Au-delà de 5, on note une sérieuse augmentation du temps CPU utilisé par l'`ircd`.

Remarque :

- la compression utilisée dans l'`ircd` 2.9.3 nécessite la bibliothèque `zlib` disponible à l'adresse suivante :
  `http://quest.jpl.nasa.gov/zlib/`

CLONE_CHECK **2.9.3**

Le serveur 2.9.3 permet de contrôler la propagation de clones, en limitant le nombre de connexions provenant d'une même machine à deux par tranche de dix secondes. Pour activer ce mécanisme, il suffit de définir la variable `CLONE_CHECK`.

Une fois adapté le fichier `config.h`, il ne vous reste plus qu'à lancer la compilation du serveur grâce à la commande :

```
make server
```

et de l'installer grâce à :

```
make install
```

qui va recopier les exécutables et des exemples de fichiers de configuration dans le répertoire défini précédemment dans le fichier `Makefile`.

Vous voilà, maintenant, l'heureux propriétaire d'un serveur `IRC` en état de marche ; il ne vous reste plus qu'à apprendre à le piloter, ce qui est l'objet du chapitre suivant.

5

Configuration d'un serveur IRC

$H?F?Resent - From:\ \$?x\$x\ <\$g>\$|\$g\$.$

`sendmail.cf`

Nous abordons maintenant la partie la moins "grand public" de cet ouvrage, qui concerne la configuration du démon `ircd`. Si l'on devait rechercher une explication au chaos ambiant existant sur `IRC`, peut-être la trouverait-on dans ces fichiers de configuration. Toute blague mise à part, écrire un fichier `ircd.conf` valide n'est pas de tout repos ; nous allons donc commencer doucement en étudiant les fichiers de configuration annexes.

Note :

- les explications qui suivent sont valables à la fois pour les versions 2.8 et 2.9 (jusqu'à la release 2.9.3) de l'`ircd`.

`motd`, `users`, `opers` *et compagnie*

Aux côtés de l'`ircd.conf` se trouvent trois autres fichiers, généralement nommés `ircd.motd`, `users` et `opers` (ces noms peuvent être changés lors de la compilation du serveur). Le premier fichier contient le *MOTD* (pour "Message of The Day") c'est-à-dire la bannière d'accueil affichée à l'écran de chaque client lors d'une connexion. C'est un simple fichier au format ASCII contenant généralement un résumé des règles ou *policy* en vigueur sur le serveur, des nouvelles fraîches, des plaisanteries ou les représentations des mascottes des serveurs (grenouilles, dinosaures et autres dragons sont à l'honneur dans l'hexagone). Attention, ce fichier est automatiquement transféré par votre serveur à chaque connexion d'un client. Il est donc conseillé de limiter sa taille (il serait très préjudiciable pour vos utilisateurs de les forcer à lire un résumé même concis de "Guerre et Paix").

Les fichiers `opers` et `users` sont utilisés pour stocker des informations administratives importantes, ce sont ce que l'on appelle communément des fichiers de logs).

Le fichier `users` contient la liste des clients qui se sont connectés à votre serveur, une ligne par demande de connexion. Ces lignes ont le format suivant :

```
Date Heure Année (Durée connexion): login@host [auth. login]
                           Déconnexion
```

Depuis les versions 2.9, un nouveau paramètre apparaît dans le fichier de log `users`. Il s'agit du mode de déconnexion qui se traduit par un caractère en fin de ligne. Le paramètre `Deconnexion` peut prendre les valeurs suivantes :

- `O` : sortie normale ;
- `d` : sortie sur erreur du serveur ;
- `D` : la socket du client est morte ;
- `E` : erreur sur la socket du client ;
- `F` : raz de marée de messages de la part du client ;
- `k` : client correspondant à une ligne `K` ;
- `K` : client victime d'un `kill` ;
- `M` : problème d'allocation mémoire ;
- `P` : non réponse à un `PING` du serveur ;
- `Q` : tampon interne plein ;
- `r` : client correspondant à une ligne `R` ;

Exemple :

- `Fri Nov 10 14:22:08 1995 (0:00:04):truc@machine.parc.fr [machin] O`
  Qui s'analyse tout simplement en : Le vendredi 10 novembre 1995 à 14h22, l'utilisateur `truc` s'est connecté pendant 4 secondes depuis `machine.parc.fr`.

Si le fichier `users` est surtout utile pour la mise en place de statistiques d'utilisation de votre serveur, le fichier `opers` est plutôt utilisé pour des questions de sécurité. Ce fichier contient la liste des utilisateurs connectés à votre serveur, et qui ont obtenu le statut d'*ircop*. Il est conseillé, pour des raisons de sécurité, de vérifier périodiquement le contenu de ce fichier. Le fichier `opers` est aussi au format ASCII ; chaque ligne correspond à un passage en mode opérateur `IRC` d'un de vos clients. Ces lignes ont le format suivant :

```
Date Heure OPER (ligne O)(Password) by (Nick!login@host)
```

Exemple :

- `Thu Jun 27 13:48:19 1996 OPER (Trankil) (.XzW360azQT09)`
  `by (Trankil!machin@machine.parc.fr)`

D'un format proche du log `users`, une ligne du fichier `opers` se distingue surtout par les champs `ligne O` et `password`. Comme nous le verrons par la suite, à chaque opérateur `IRC` correspond ce que l'on appelle dans le jargon local une ligne `O` protégée par un mot de passe. Pour plus de simplicité, on peut comparer un *ircop* au super-utilisateur d'une station UNIX, et la ligne `O` à l'entrée du fichier `/etc/passwd` définissant le compte *root*.

Ces fichiers de logs peuvent prendre rapidement une place disque importante. Bien que nous le déconseillions, vous pouvez désactiver la fonction de log en effaçant simplement les deux fichiers sus-cités. Pour rétablir cette fonction, il suffira de recréer ces fichiers (sous UNIX, un simple `touch USERS` ou `touch OPERS` est suffisant).

Deux nouveaux fichiers sont apparus, avec les versions 2.9 du serveur `IRC`. On dispose dorénavant d'un fichier de logs supplémentaire, appelé `rejects`, et d'un fichier de statistiques du serveur nommé `ircd.tune`.

Le fichier `rejects`, comme son doux nom l'indique, contient la liste des connexions rejetées par le serveur. Les lignes de ce fichier ont le même format que celle du fichier `users`.

Le fichier `ircd.tune`, quant à lui, est un fichier de travail dans lequel le serveur `IRC` conserve des données moyennes concernant, par exemple, la taille de ses tampons et de ses tables de hachages internes. Ce fichier étant construit automatiquement par le serveur, il est déconseillé de le modifier directement.

Remarque :

- la version 2.9.3 devrait apporter quelques modifications aux fichiers de log mais les spécifications des nouveaux formats ne sont pas encore disponibles.

Nous pouvons, maintenant, regarder en détail le fichier de configuration principal du serveur `IRC`.

Le fichier `ircd.conf`

Ce fichier est à l'`ircd` ce que `sendmail.cf` est à `sendmail`. Sans lui, rien ne fonctionne, avec lui, tout disfonctionne.

Ce fichier est le cœur du serveur `IRC`, il est absolument indispensable. En mode interconnecté, il devient vital puisque tout le réseau peut être affecté par une mauvaise configuration d'un des serveurs membres. On comprend pourquoi un administrateur `IRC` doit être extrêmement vigilant lorsqu'il modifie ce fichier.

Note :

- les noms et adresses IP utilisés dans les exemples suivants ne sont que le résultat de l'imagination de l'auteur.

Structure du fichier et règles de bases

L'`ircd.conf` est un fichier au format ASCII lu par le démon `IRC` lors de son lancement ou lors de la réception d'un signal `SIGHUP`. Il est composé de trois types de lignes :

- des lignes blanches ou vides qui permettent d'aérer un fichier de configuration s'alourdissant avec l'âge ;
- des lignes de commentaires, précédées du caractère '`#`' ;
- des lignes de configuration qui permettent de paramétrer très finement votre serveur. Elles sont toutes composées de champs d'informations séparés par le caractère '`:`'. Le premier champ est exclusivement constitué d'une lettre unique définissant le type de la ligne.

Pour se mettre en appétit, voici un extrait d'un fichier `ircd.conf` (non valide car incomplet) :

```
#
# Fichier de configuration du serveur IRC irc.test.fr
#


M:irc.test.fr:*:Un serveur IRC de tests

Y:5:120:5:10

K:*.u-bordeaux.fr::*:0
```

Important :

- Le fichier `ircd.conf` est un adepte de la FILOsophie (First In Last Out) ce qui signifie que toute ligne de configuration a primauté sur les lignes de la même classe définies précédemment. On prendra donc le réflexe de configurer un serveur `IRC` en partant des cas les plus généraux pour descendre vers les cas particuliers.

Les lignes de configuration

Il existe, au total, 14 types de lignes de configuration pour la version 2.8.21 de l'`ircd`, 15 pour la 2.9.1 et la 2.9.2 et 17 pour la 2.9.3. Par commodité, nous pouvons les regrouper en trois grandes catégories :

- les lignes administratives de type `M` et `A` qui définissent toutes les données "administratives" du serveur, c'est-à-dire son nom, les contacts administratifs etc. ;
- les lignes de connexions de type `C`, `c`, `N`, `L`, `S`, `P`, `H`, `V` et `Q`. Elles permettent de définir le comportement du serveur par rapport aux autres serveurs `IRC` ;
- les lignes utilisateurs de type `I`, `i`, `U`, `O`, `K`, `Y`. Elles sont utilisées pour définir les droits de connexion et les privilèges des utilisateurs du serveur.

Nous allons détailler une à une chaque ligne de configuration. Avant de commencer, il faut savoir que ces lignes n'ont pas toutes la même importance. Certaines sont nécessaires au bon fonctionnement du serveur (elles seront marquées ***obligatoire***) d'autres sont ***conseillées***, certaines purement ***optionnelles*** et d'autres utiles dans un contexte d'***interconnexion***. Lorsqu'elles sont suivies d'un chiffre, celui-ci correspond à un numéro de version de l'`ircd` ; les lignes ne sont alors disponibles qu'à partir de cette version. Les champs optionnels seront entourés de `[...]`.

Remarque :

- le serveur `IRC` respecte la casse dans le type de ligne. Une ligne `I` ne sera donc pas équivalente à une ligne `i`.

Les lignes administratives

Les deux lignes de configuration de ce groupe servent à définir les informations administratives relatives à votre serveur.

La ligne `M` (***obligatoire***)
Elle permet de nommer votre serveur `IRC` et de le décrire brièvement. Cette ligne a le format suivant :

```
M:nom du serveur::description[:Port]
```

Exemples :

- `M:irc.biere.fr::Le serveur IRC des amateurs de biere:6667`
- `M:irc.houblon.com::Houblon Corp.:2340`

Le champ `nom du serveur` n'est pas forcément défini dans un serveur de noms quelconque, c'est seulement le "diminutif" sous lequel votre serveur sera connu sur les réseaux `IRC`. Le paramètre `description` est une courte phrase décrivant le serveur ; par convention, elle contient l'emplacement géographique de votre serveur. Le champ `Port` est le numéro de port TCP sur lequel le serveur attend les requêtes de connexion. S'il est omis, le serveur écoutera les requêtes sur le port défini lors de la compilation. Ce champ est devenu obsolète dans la version 2.9 du serveur et est remplacé par la ligne `P` (voir plus bas).

La ligne `A` (***obligatoire***)
Par convention, cette ligne est utilisée pour donner les contacts administratifs de votre serveur. Ces informations apparaissent en résultat de la commande `/admin` (voir sur la figure 5.1 un exemple d'affichage). Une ligne `A` a pour format :

```
A:Ligne 1[:Ligne 2][:Ligne 3]
```

Les paramètres `Ligne 1` à `Ligne 3` sont de courtes chaînes de caractères qui apparaîtront comme sur la figure 5.1. Par convention, le premier champ est utilisé pour indiquer le nom de l'organisation ou de la société hébergeant le serveur, le second champ sert à donner des adresses e-mail de contacts, et le dernier paramètre est un champ d'expression libre.

Exemples :

- `A:Serveur IRC du Nord:admin@nord.tm.fr:Aide - aide@nord.tm.fr`
- `A:Serveur IRC du Nord:admin@nord.tm.fr`

```
*** Administrative info about irc.b.fr
*** Serveur IRC de la societe B S.A.
*** Contact: irc@b.fr
*** Good luck on IRC
```

Figure 5.1 : Affichage d'une ligne `A` *avec la commande* `admin`

Un exemple étant souvent plus parlant qu'un long discours, nous allons construire au cours de ce chapitre le fichier `ircd.conf` du serveur `irc.b.fr` d'adresse IP : 192.52.6.12.

Fichier de configuration du serveur `irc.b.fr` :

```
#
# Exemple de fichier de configuration d'un serveur
# IRC (version 2.9.3)
#

A:Bienvenue sur le serveur irc.b.fr:Des problemes ?:Contactez irc@b.fr

M:irc.b.fr::Un serveur IRC en cours de construction.
```

Les lignes de connexion serveur

Bien qu'obligatoires, les lignes administratives n'ont pas une grande influence sur le bon fonctionnement d'un serveur. Ce n'est pas le cas des lignes de ce groupe qui vont définir le comportement de votre serveur dans le cadre d'une interconnexion à un réseau d'`ircd`. Dans le cas où vous n'envisageriez pas d'interconnecter votre serveur, vous pouvez laisser de côté les lignes `C`, `N`, `H` et `L`.

La ligne `P` **(*obligatoire 2.9*)**

Elle permet de définir le port d'écoute utilisé par le serveur pour la connexion des clients ainsi que le type de sockets à utiliser (soit une socket du domaine INTERNET, soit UNIX). Cette ligne remplace le champ `Port` de la ligne `M` vue plus haut.

Dans le cas de l'utilisation d'une socket de type INTERNET, la ligne `P` a le format suivant :

`P:masque IP:::Port`

Le paramètre `masque IP` permet de définir les machines qui ont le droit de se connecter au serveur. Ce masque est soit égal à une adresse IP fixe, ce qui permet de ne sélectionner qu'une machine particulière, soit étendu à un ensemble de machines grâce à l'utilisation du caractère spécial '*'. Réduit à '*', le masque IP permettra de sélectionner toutes les machines du réseau, tandis qu'un masque défini par 192.52.6.* désignera l'ensemble des adresses de la classe C : 192.52.6.

Le dernier paramètre d'une ligne `P` doit être un numéro de port TCP valide (n'oubliez pas que l'accès aux ports inférieurs à 1024 demande des privilèges de super-utilisateur). C'est le port principal d'écoute du serveur `IRC` : toute demande de connexion (client ou serveur) devra se faire sur celui ci.

Exemples:

- `P:147.51.212.*:::6667`
  Cette ligne `P` autorise les machines de la classe C : `147.51.212` à se connecter sur le serveur sur le port `6667`.
- `P:*:::6543`
  Le masque réduit à `*` autorise toutes les machines à se connecter au serveur sur le port `6543`.

Pour les sockets de type UNIX, le format d'une ligne `P` est légèrement différent :

`P:Répertoire:::Port`

La différence provient du paramètre `Répertoire` qui doit être un chemin Unix valide, désignant un répertoire dans lequel sera créé le fichier associé à la socket UNIX ouverte.

Le paramètre `Port` définit le nom du fichier associé à la socket. Ce paramètre doit être obligatoirement un nombre.

Exemple:

- `P:/tmp/Ircd:::6667`
  Cette ligne crée une socket de type UNIX associée au fichier `/tmp/Irc/6667`.

Les lignes `C` ***(interconnexion)***

Ces lignes ne sont utiles que dans l'optique d'une insertion de votre serveur dans un réseau `IRC`. Elles sont inutiles pour un démon isolé.

Plutôt que de partir dans de longues explications formelles, nous allons construire un réseau `IRC` composé de cinq serveurs (deux nœuds et trois feuilles). On prendra comme point de départ le graphe de la figure 5.2.

Notre premier exercice va être d'insérer un nouveau serveur de nom `irc.d.fr` et d'adresse IP : 134.12.33.2 en tant que feuille dans le réseau précédent, en prenant comme nœud principal `irc.a.fr` et comme secours `irc.b.fr`. On souhaite donc obtenir le schéma de la figure 5.3.

Nous devons alors configurer le serveur pour qu'il se connecte tout d'abord sur `irc.a.fr` et en cas de panne de celui-ci sur `irc.b.fr`. Pour cela, on utilise les lignes `C` ou lignes de connexion serveur. Elles ont le format suivant :

`C:adresse IP du Hub:Password:Hub:[Port]:Classe de connexion`

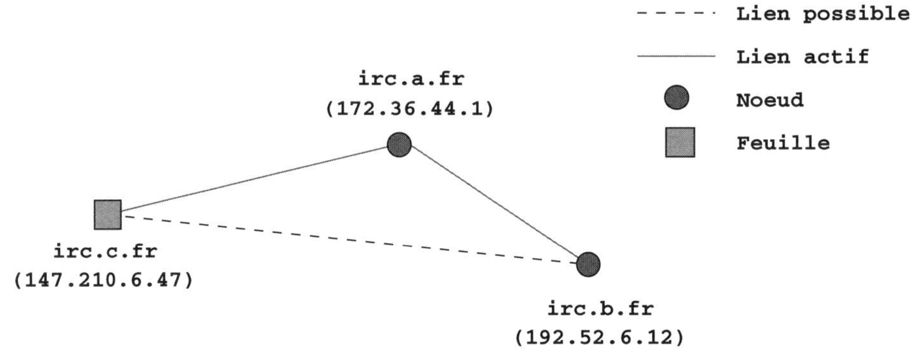

Figure 5.2 : Notre réseau de base.

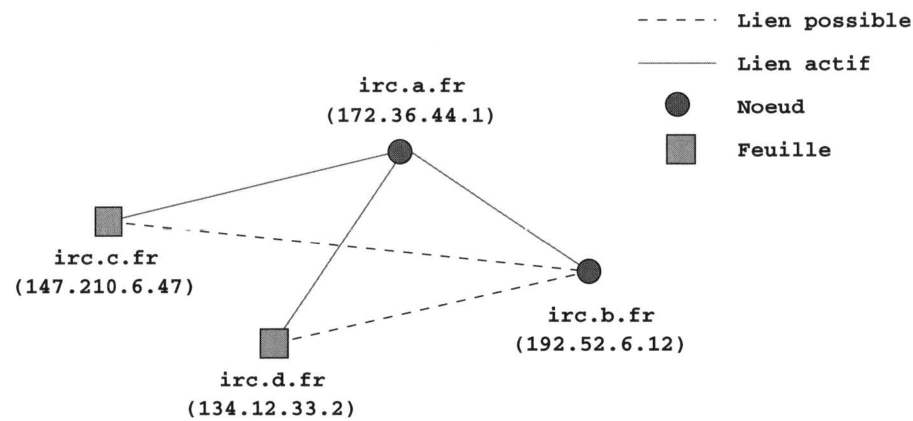

Figure 5.3 : Le réseau souhaité.

Le champ `adresse IP du Hub` permet de désigner le serveur sur lequel on désire se connecter (c'est-à-dire 172.36.44.1 dans notre exemple). Nous reviendrons plus tard, lors de la présentation des lignes `N`, sur le champ `Password`. Le champ `Hub` contient le nom complet du serveur hôte au sens DNS (ou `irc.a.fr` dans notre cas). Le paramètre `Port` correspond au port d'écoute du serveur Hub. La `Classe de connexion` sera expliquée plus tard dans le paragraphe sur les lignes `Y`.

En n'oubliant pas le principe du "First In Last Out" régissant le fichier `ircd.conf`, on doit donc ajouter les lignes suivantes :

```
C:192.52.6.12:Coucou:irc.b.fr:6667:1
C:172.36.44.1:Ciao:irc.a.fr:6667:1
```

Remarque :

- Pour l'exemple, les champs `Password` sont laissés en clair, mais n'oubliez pas de les crypter dans votre fichier, à condition d'avoir définit la variable `CRYPT_LINK_PASSWORD` lors de la compilation du serveur.

Auto-connexions :
Grâce aux deux lignes précédentes, notre serveur se connecte automatiquement à son lancement sur `irc.a.fr` et, en cas de rupture de ce lien, sur `irc.b.fr`, ceci sans intervention de notre part. Cette possibilité évite généralement ce que l'on désigne par splits dans le jargon IRC , c'est-à-dire les ruptures du réseau laissant des sous-réseaux non interconnectés. Il se peut que vous ne désiriez pas la connexion automatique de votre serveur (c'est souvent le cas pour des serveurs secondaires que l'on connecte plutôt "à la main" pour réaliser des tests ou toutes autres manipulations) ; pour cela, il suffit d'omettre le champ `Port` dans la définition de la ligne `C`. Par exemple, si on ne souhaite pas que notre serveur se connecte automatiquement sur `irc.b.fr`, on transforme la première ligne `C` en :

```
C:192.52.6.12:Coucou:irc.b.fr::1
```

Les lignes `c` *(interconnexion 2.9.3)*
Comme nous l'avons vu lors du précédent chapitre, la release 2.9.3 du serveur IRC permet de compresser les échanges entre serveurs. Pour préciser qu'une connexion avec un autre serveur doit utiliser la compression, il suffit de définir une ligne `c` à la place d'une ligne `C` habituelle. Le format de ces nouvelles lignes est le même que celui des lignes `C`.

Les lignes `N` *(interconnexion)*
Définir une ligne `C` ne suffit pas pour interconnecter deux serveurs, pour la raison évidente que rien ne vous empêcherait de connecter votre serveur à n'importe quel réseau IRC existant. Pour pouvoir compléter votre demande de connexion, le serveur Hub doit accepter votre demande. A toute ligne `C` correspond donc une ligne `N`. Une ligne `C` s'interprète en : "je me connecte à ..." alors que la ligne `N` s'interprète en : "j'accepte la connexion de ...". Les lignes `N` ont le format suivant :

```
N:Adresse IP du serveur appelant:Password:Nom du serveur appelant:Masque
de domaines:Classe de connexion
```

L'`adresse IP` et le `nom du serveur` concernent donc le serveur dont on veut accepter la connexion. Afin de l'autoriser, on définit un mot de passe qui sera commun à une ligne `C` et une ligne `N`.

Reprenons notre exemple. Afin d'autoriser la connexion de `irc.d.fr`, l'administrateur du serveur `irc.a.fr` doit donc ajouter dans son fichier `ircd.conf` la ligne suivante :

```
N:134.12.33.2:Ciao:irc.d.fr::1
```

De même, le serveur `irc.b.fr` devra ajouter la ligne :

```
N:134.12.33.2:Coucou:irc.d.fr::1
```

En résumé, pour réaliser la connexion de deux serveurs IRC, il faut définir un couple de lignes `C/N` ayant un mot de passe commun.

Les lignes `H` *(interconnexion)*
Les utilisateurs d'IRC ont la fâcheuse habitude de décrire les administrateurs par des

mots qu'une certaine morale bien pensante réprimerait. Il n'est pas rare de croiser le chemin d'un administrateur un peu jeune qui n'hésite pas à abuser de ses privilèges sur `IRC` pour régler certains problèmes personnels. On a beau débattre de l'utilité des lignes `H`, pour l'auteur, elles ne sont qu'une autre forme d'abus de la part des administrateurs `IRC` (débat ouvert...). En effet, elles servent à réduire les possibilités d'interconnexion des serveurs Hub.

Reprenons notre exemple de réseau `IRC` et introduisons un nouveau serveur `irc.e.ch` qui désire se connecter pour des questions politiques sur `irc.b.fr` et non sur `irc.a.fr` (voir la figure 5.4).

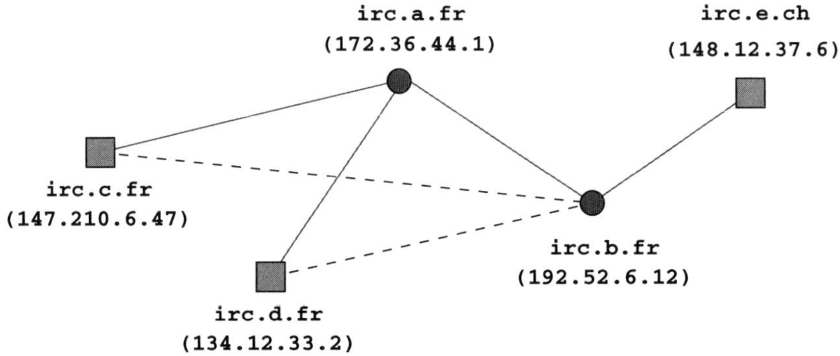

Figure 5.4 : Le réseau s'internationalise.

Les administrateurs des serveurs `irc.b.fr` et `irc.e.ch` modifient donc leur fichier de configuration en conséquence, relancent leur serveur et l'on obtient le réseau de la figure 5.5.

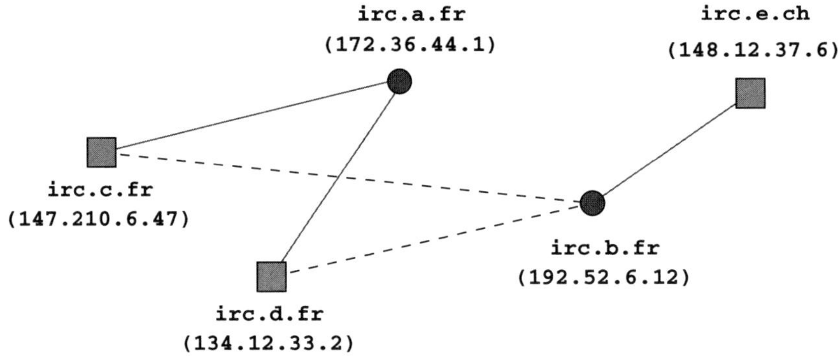

Figure 5.5 : Notre premier "split".

Le lien entre `irc.a.fr` et `irc.b.fr` est automatiquement coupé : en effet, un serveur n'a le droit d'introduire dans un réseau `IRC` que les serveurs également autorisés par les autres `ircd`. Ces autorisations sont gérées par les lignes `H` dont le format est le suivant :

```
H:Masque des serveurs autorisés::Nom du serveur
```

Le premier champ est un masque définissant l'ensemble des `ircd` que le serveur désigné dans le troisième champ a le droit d'introduire dans le réseau `IRC`.

La ligne `H` idéale serait donc :

```
H:*::*
```

qui autorise tout serveur hub à introduire n'importe quel autre `ircd` sur le réseau.

Reprenons la construction de notre réseau `IRC` d'exemple. Admettons qu'après quelques apres échanges de courriers électroniques, l'administrateur du serveur `irc.a.fr` accepte que `irc.b.fr` introduise `irc.e.ch` ; il faut alors qu'il ajoute dans son fichier de configuration la ligne `H` suivante :

```
H:*.ch::*.b.fr
```

ou plus restrictivement :

```
H:irc.e.ch::irc.b.fr
```

Cela ne suffit pas. En effet, les lignes `H` définissent les limitations de chaque hub du réseau. Or `irc.a.fr` est un hub pour `*.fr` de même que `irc.b.fr`. Poussons le raisonnement plus loin : les serveurs feuilles doivent aussi autoriser leur hub à introduire d'autres serveurs qu'eux-même. Complexe ? Non, IRCien.

En conclusion, tout couple de lignes `C/N` s'accompagne généralement d'une ligne `H`, ce qui se traduit, dans notre exemple, par l'ajout des lignes suivantes.

Pour `irc.c.fr`, `irc.d.fr` et `irc.e.ch` :

```
H:*::*
```

les feuilles ont tout intérêt à accepter tous les serveurs introduits par leur hub sous peine de se trouver automatiquement déconnectées du réseau.

Pour `irc.a.fr` :

```
H:*.e.ch::*.b.fr
H:*.fr::*.b.fr
```

pour autoriser le serveur `irc.b.fr` à introduire les serveurs dont les noms sont reconnus par les masques `*.fr` et `*.e.fr`.

Pour `irc.b.fr` :

```
H:*.fr::*.a.fr
```

pour autoriser `irc.a.fr` à introduire tous les serveurs des domaines en `*.fr`.

Les lignes `L` ***(interconnexion)***

Tout bon jardinier pourrait comparer les lignes `L` à une paire de sécateurs coupant une feuille avant qu'elle ne devienne branche. Ces lignes servent, en effet, à déconnecter du réseau `IRC` tout serveur feuille qui aurait la prétention de vouloir devenir Hub. Elles ont le format suivant :

```
L:Masque des serveurs autorisés::Nom du serveur:Profondeur
```

Les deux premiers champs ont la même signification que ceux de la ligne `H`.

Pour ce qui est du dernier paramètre, rappelons que le réseau `IRC` est organisé en arbre. On désigne donc par le terme de profondeur la longueur maximale de tous les chemins reliant ledit nœud à ses feuilles. Une profondeur de 0 implique donc que le serveur se connectant ne peut être qu'une feuille. Pour une profondeur de 1, le serveur se connectant a la possibilité d'introduire dans le réseau d'autres serveurs feuilles connectés derrière lui etc.

Exemple :

- La ligne suivante (du fichier de configuration de `irc.a.fr`) oblige le serveur `irc.b.fr` à ne se connecter qu'en tant que feuille sous peine de voir sa connexion automatiquement coupée :
  `L:::irc.b.fr:0`

Reprenons notre exemple général. Il est assez courant de tester les nouvelles versions de l'`ircd` avant de remplacer la version actuelle. Pour cela, il est pratique de faire fonctionner le nouvel `ircd` en tant que serveur secondaire de tests. Admettons que ce soit le cas pour `irc.c.fr` qui désire faire fonctionner un serveur de tests de nom `test.c.fr`, comme sur le schéma de la figure 5.6.

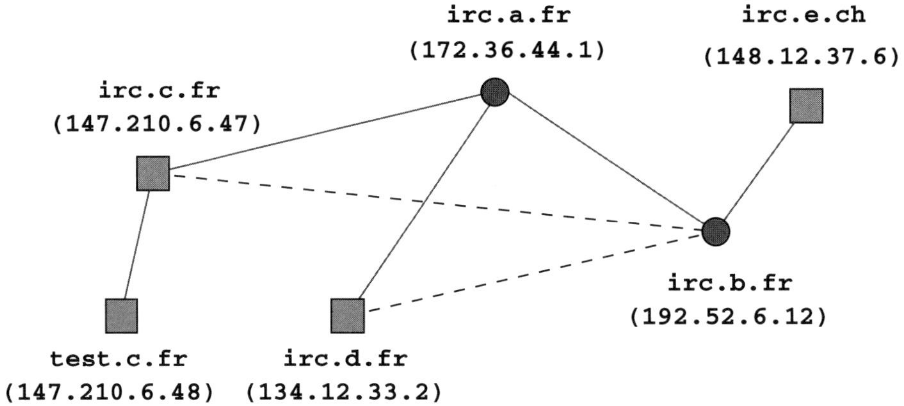

Figure 5.6 : De la feuille au hub.

Remarque :

- la présence de serveurs de tests en France (qui peuvent servir à bien d'autres choses que des tests) n'est que tolérée par la communauté française des administrateurs `IRC`.

Le réseau précédent n'est possible que si `irc.a.fr` autorise la "feuille" `irc.c.fr` à connecter `test.c.fr`, ce qui est fait par l'ajout de la ligne `L` suivante dans le fichier configuration de `irc.a.fr` :

`L:*.c.fr::irc.c.fr:1`

irc.a.fr autorise donc le serveur irc.c.fr à introduire dans le réseau IRC actuel tout serveur dont le nom se termine par c.fr. Dans le cas où cette ligne serait absente, la connexion entre irc.a.fr et irc.c.fr serait automatiquement coupée lors de la connexion de test.c.fr.

Pour résumer cette partie sur l'interconnexion, voilà l'ensemble des lignes C, N, H et L nécessaires pour créer le réseau de la figure 5.6.

Fichier pour irc.c.fr

```
C:147.210.6.48:TestaLui:test.c.fr::1
N:147.210.6.48:TestaMoi:test.c.fr::1
H:*::*

C:192.52.6.12:password-1-2:irc.b.fr:6667:1
N:192.52.6.12:password-1-1:irc.b.fr::1
H:*::*

C:172.36.44.1:password-2-2:irc.a.fr:6667:1
N:172.36.44.1:password-2-1:irc.a.fr::1
H:*::*
```

Fichier pour irc.d.fr

```
C:192.52.6.12:password-3-2:irc.b.fr:6667:1
N:192.52.6.12:password-3-1:irc.b.fr::1
H:*::*

C:172.36.44.1:password-4-2:irc.a.fr:6667:1
N:172.36.44.1:password-4-1:irc.a.fr::1
H:*::*
```

Fichier pour irc.e.ch

```
C:192.52.6.12:password-5-2:irc.b.fr:6667:1
N:192.52.6.12:password-5-1:irc.b.fr::1
H:*::*
```

Fichier pour irc.a.fr

```
C:147.210.6.47:password-2-1:irc.c.fr::1
N:147.210.6.47:password-2-2:irc.c.fr::1
L:*.c.fr::irc.c.fr

C:134.12.33.2:password-4-1:irc.d.fr::1
N:134.12.33.2:password-4-2:irc.d.fr::1

C:192.52.6.12:password-6-1:irc.b.fr::1
N:192.52.6.12:password-6-2:irc.b.fr::1
```

```
H:*.ch::*.b.fr
H:*.fr::*.b.fr
```

Fichier pour `irc.b.fr`

```
C:147.210.6.47:password-1-1:irc.c.fr::1
N:147.210.6.47:password-1-2:irc.c.fr::1
L:*.c.fr::irc.c.fr

C:134.12.33.2:password-3-1:irc.d.fr::1
N:134.12.33.2:password-3-2:irc.d.fr::1

C:148.12.37.6:password-5-1:irc.e.ch::1
N:148.12.37.6:password-5-2:irc.e.ch::1

C:172.36.44.1:password-6-2:irc.a.fr:6667:1
N:172.36.44.1:password-6-1:irc.a.fr::1
H:*.fr::*.a.fr
```

Les lignes `Q` ***(interconnexion)***

On dit de Linux qu'il n'est pas un système sûr car les sources de ses noyaux sont disponibles à tout le monde. Si l'on ne peut évacuer un tel argument, on ne peut pas non plus nier l'effet dynamisant de la disponibilité de ces sources (noyau en évolution constante, correction rapide des trous de sécurité, etc...). C'est un peu le même cas pour le démon `ircd`. Les sources sont disponibles et rien ne vous empêche de les modifier en bien (c'est d'ailleurs comme cela que naissent les nouvelles versions de l'`ircd`) ou en mal (en modifiant le code pour outre-passer, par exemple, les bans des canaux). De tels agissements n'ont pas un caractère exceptionnel sur l'`IRC` ; il est donc nécessaire de disposer de moyens pour empêcher un serveur modifié ou *hacké* de pénétrer dans un réseau d'`ircd`. C'est la raison d'être des lignes `Q` qui ont la syntaxe suivante :

```
Q::Raison:Nom du serveur
```

Le paramètre `Raison` est une chaîne de caractères expliquant le pourquoi de votre ligne `Q`, le champ `Nom du serveur` contient le nom de l'`ircd` indésirable.

Exemple :

- `Q::No hacker here:irc.somedomain.com`

Comment cela fonctionne-t-il ? Il faut savoir que chaque fois qu'un serveur est inséré dans un réseau `IRC`, son nom est propagé à l'ensemble des serveurs connectés. Il suffit qu'une ligne `Q` correspondante existe sur un des serveurs du réseau pour qu'automatiquement le lien entre le serveur et le hub ayant introduit l'intrus soit coupé. On comprend bien vite l'effet pervers de cette ligne ; en effet, le serveur intrus n'est pas expulsé du réseau comme on pourrait logiquement le penser : ce sont les `ircd` possédant les lignes `Q` qui coupent leur connexion. Si l'on reprend notre réseau de tests, il suffit que le serveur `irc.d.fr` possède la ligne `Q` suivante :

```
Q::Raisons obscures:irc.e.ch
```

pour que l'on obtienne le réseau de la figure 5.7 dès lors que `irc.b.fr` introduit `irc.e.ch`.

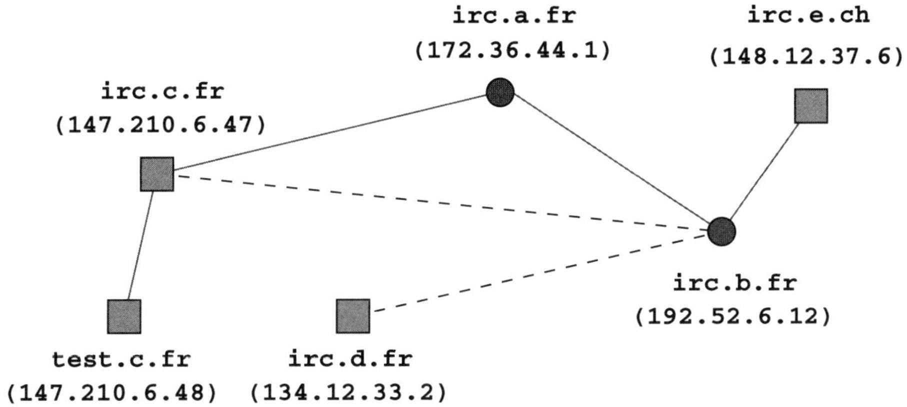

Figure 5.7: L'effet d'une ligne `Q`.

Les lignes `V` (*interconnexion 2.9.3*)
Les lignes `V` permettent de refuser la connexion d'un serveur faisant tourner une version particulière de l'`ircd` et ayant été compilé avec des options particulières (mode `DEBUG` par exemple). Ces lignes ont le format suivant :

```
V:Masque Version:Options:Masque Nom Serveur::
```

Le paramètre `Masque Version` permet de définir le numéro de version qui sera rejeté. `Options` désigne les paramètres de compilation du serveur comme définis dans le fichier `ircd/s_debug.c`. Le dernier champ permet de définir l'ensemble des serveurs auxquels s'applique la ligne `V`.

Exemples :

- `V:020903:s:*.fr::`
  Cette ligne refuse la connexion aux serveurs dont le nom se termine par '`.fr`' tournant la version 2.9.3 de l'ircd et permettant l'utilisation de services (option '`s`' dans le fichier `ircd/s_debug.c`) ;
- `V:020821:*:*::`
  Refuse la connexion à tout serveur faisant tourner la release 2.8.21 de l'`ircd`.

Les lignes de connexion client

Noyé par autant de technique, on en oublierait presque le but principal d'un serveur `IRC` : interconnecter les utilisateurs d'Internet. Dans l'état actuel des choses, notre serveur est capable de s'interconnecter à d'autres `ircd` et de s'identifier auprès d'eux mais pas de gérer les requêtes de clients potentiels (connexion, authentification, demandes de privilèges, etc.). Tout ceci est géré par un ensemble de "lignes de connexion clients" que nous allons étudier dans cette partie.

Les lignes `I` ***(conseillée)***

Ces lignes permettent de définir les ensembles de machines ayant le droit de se connecter à votre serveur. Sans la présence de lignes `I` dans le fichier `ircd.conf`, aucun client ne pourrait utiliser le serveur ; elles sont donc vivement conseillées pour ne pas dire obligatoires. Elles ont le format suivant :

```
I:Masque IP:[Password]:Masque nom de machines:[Port]:Classe connexion
```

Les paramètres `Masque IP` et `Masque nom de machines` permettent de définir un ou tout un ensemble de clients autorisés à se connecter au serveur. Dans le cas où le champ `Password` n'est pas vide, les clients devront fournir un mot de passe lors de leur tentative de connexion (ceci est un bon moyen pour sécuriser l'accès à votre serveur). Le champ `Port` permet de préciser sur quel port TCP la requête de connexion est attendue. Le dernier paramètre permet d'associer les futurs clients à une classe de connexion particulière.

Reprenons notre serveur `IRC` cobaye (c'est-à-dire `irc.b.fr`) pour modifier ses fichiers de configuration afin qu'il accepte quelques clients.

Première étape : autoriser les connexions des clients en provenance du domaine local c'est-à-dire `b.fr` afin de permettre à l'administrateur `IRC` de se connecter à son serveur ainsi qu'à toutes les machines de sa classe C. On définit pour cela la ligne I suivante :

```
I:192.52.6.*::*.b.fr::1
```

qui s'interprète par : toutes les machines de la classe C 192.52.6 peuvent se connecter sans fournir de mot de passe ; ces connexions seront associées à la classe de connexion 1.

Seconde étape : ouvrir son serveur à d'autres domaines Internet. On aborde là un problème sensible : le cliché voudrait qu'un serveur `IRC` commercial n'autorise que ses clients et les serveurs publics (synonyme d'universitaires) tout le monde. Il est clair que sans son côté troc (je donne et je prends), Internet n'aurait sûrement pas l'ampleur qu'on lui connaît aujourd'hui. Doit-on pour autant ouvrir son serveur à la terre entière ? Oui, si vous pensez qu'un service Internet doit être ouvert à tous et qu'il pourrait servir à dépanner certains utilisateurs en cas de faille de leur serveur habituel. Non, si vous pensez que les utilisateurs doivent utiliser le serveur `IRC` le plus proche, en terme de géographie réseau, de leur point de connexion. Les deux approches ont leurs défauts et avantages. La première ressemble à la philosophie WEB mais quelles seront à termes ses conséquences sur la bande passante ? La seconde prône une utilisation plus rationnelle des ressources Internet en contrepartie de la frustration de se voir interdire l'accès à certains serveurs.

Exemples :

- On désire permettre aux machines du domaine `e.ch` de se connecter sur la classe 2 et aux machines de `d.fr` qui fourniraient le mot de passe "Youpla" de se

connecter sur la classe 3. Pour cela, on ajoute les deux lignes I suivantes :
`I:148.12.37.*::*.e.ch::2`
`I:134.12.33.*:Youpla:*.d.fr::3`

- Plus finement, on peut n'autoriser qu'une seule machine à se connecter. Par exemple, si l'on souhaite ouvrir un accès à la machine `wallace.gromit.ac.uk` d'adresse IP : 129.36.12.47 avec pour mot de passe "Cheddar", la ligne suivante suffit :
`I:139.36.12.47:Cheddar:wallace.gromit.ac.uk::4`

Les lignes `i` ***(conseillée 2.9.1)***

Avec le serveur 2.9.1 sont apparues les lignes `i` qui sont une forme restreinte des lignes `I` que nous venons de voir. Cette restriction porte sur le fait que les clients connectés au travers de ces lignes ont des possibilités d'action restreintes sur le serveur (kick, changement de mode et de surnom impossible) et sont reconnaissables par un caractère ('+', '=' ou '-') précédant leur nom de `login`.

Rendre son serveur le plus largement ouvert est un effort louable mais une légère touche de paranoïa permet d'éviter bien des abus de la part d'une certaine catégorie d'utilisateurs que l'on pourrait qualifier de jeunes. Une bonne utilisation des lignes `i` est de créer des connexions ouvertes à tous mais restreintes. On peut donc remplacer avantageusement une ligne `I` ouverte par la ligne `i` suivante :

```
i:*::*::5
```

ou si l'on désire trier par domaines principaux :

```
i:*::*.fr::6
i:*::*.ch::7
i:*::*.com::8
```

Il sera toujours temps, par la suite, d'ouvrir des lignes `I` pour des domaines ayant montré "patte blanche".

Attention

- N'oubliez pas que toute ligne du fichier `ircd.conf` a primauté sur les lignes de même classe apparaissant précédemment. On définira donc les lignes `I` ou `i` de la plus générale à la plus locale, ce qui donne pour notre serveur `irc.b.fr` :

```
i:*::*::5
i:*.fr::*::6
i:*.ch::*::7

I:134.12.33.*:Youpla:*.d.fr::3
I:148.12.37.*::*.e.ch::2
I:192.52.6.*::*.b.fr::1
```

Les lignes `O` ***(conseillée)***

"Anges ou démons ?" est la question courante que la communauté se pose au sujet des opérateurs `IRC` (utilisateurs ayant des privilèges administratifs sur un serveur

IRC). Si l'on cédait à un violent accès de panurgisme européen, on serait tenté de dire qu'un opérateur américain est forcément un démon tandis que les opérateurs du vieux continent arborent un sourire béat et une auréole au-dessus de leur tête. En étant plus modéré, la réponse à la question précédente serait "Humain avec tout ce que cela implique !".

Les privilèges d'opérateurs IRC sont définis au travers des lignes O qui ont le format suivant :

```
O:Masque machines:Password:Nickname:[Port]:[Classe de connexion]
```

Le paramètre `Masque machines` permet de définir l'ensemble des machines à partir desquelles le futur ircop peut acquérir ses privilèges. Il est déconseillé d'utiliser le paramètre '*' pour ce champ ; mieux vaut limiter le masque au domaine Internet de l'opérateur. Le couple `Password` et `Nickname` est équivalent au couple `password`, `login` (rapprochement un peu abusif) définissant un compte utilisateur sous Unix. On se reportera au paragraphe des lignes I pour une explication détaillée des deux derniers champs.

Exemples :

- On souhaite ajouter deux opérateurs IRC sur le serveur `irc.b.fr`. Le premier de surnom *Casimir*, de mot de passe XW3617 depuis la machine `kiosque.iles.fr`. Le second, de diminutif *Hippolyte*, de mot de passe 3617XW depuis les machines `kiosque.iles.fr` et `terrier.iles.fr`. On insère pour cela les lignes O suivantes :

  ```
  O:kiosque.iles.fr:XW3617:Casimir
  ```

  pour le premier et, au choix,

  ```
  O:*.iles.fr:3617XW:Hippolyte
  ```

  ou

  ```
  O:kiosque.iles.fr:3617XW:Hippolyte
  O:terrier.iles.fr:3617XW:Hippolyte
  ```

Le lecteur perspicace aura remarqué que :

- les paramètres `Port` et `Classe de connexion` sont optionnels.
- les mots de passe apparaissent en clair dans le fichier de configuration. Cette hérésie résulte, en fait, d'un choix lors de la compilation de votre serveur (voir la variable `CRYPT_OPER_PASSWORD` au chapitre précédent) : il est possible (et fortement recommandé) de crypter les champs `Password` de vos lignes O (et ceux des lignes C/N).
- toute personne connectée depuis `kiosque.iles.fr` connaissant le mot de passe XW3617 peut obtenir les privilèges définis par la première ligne O. Il serait donc

souhaitable de n'autoriser qu'un `login` précis dans les lignes `O` ; pour cela le format du premier champ devient :

```
O:login@<masque machines>:Password:Nickname:Port:Classe
```

Dans notre exemple précédent, on sait que l'opérateur *Casimir* est, en fait, associé au compte Unix *leonard*. On peut donc modifier la première ligne en

```
O:leonard@kiosque.iles.fr:XW3617:Casimir
```

De même pour *Hippolyte* qui correspond au `login` *julie* sur le domaine `iles.fr` ; on peut modifier les lignes précédentes en :

```
O:julie@*.iles.fr:3617XW:Hippolyte
```

ou

```
O:julie@kiosque.iles.fr:3617XW:Hippolyte
O:julie@terrier.iles.fr:3617XW:Hippolyte
```

De même qu'il existe des lignes `i` pour les connexions restreintes, il existe une ligne `o` donnant des privilèges limités. Les lignes `o` définissent des opérateurs `IRC` locaux au serveur, c'est-à-dire qu'ils ne peuvent utiliser leurs privilèges que sur le serveur local et ne peuvent pas interférer avec le reste du réseau `IRC`. Le format de la ligne `o` est exactement celui de la ligne `O`.

Les lignes `K` ***(optionnelles)***

L'être humain étant ce qu'il est, il n'y avait pas de raison pour que l'internaute soit très différent. Bien au contraire, le pseudo-anonymat d'une connexion Internet aurait tendance à révéler le côté obscur de certaines personnes. Si l'on parle plus volontiers des abus des opérateurs `IRC`, ils ne sont que l'arbre (très feuillu il est vrai) cachant la forêt des abus des utilisateurs : submersion de canaux, prise de pouvoir, recherche de privilèges sur les serveurs, et autres idées douteuses. Ces comportements sont à l'origine des lignes `K` (ou *kill line*). Ces lignes permettent de refuser la connexion au serveur à un ensemble d'utilisateurs. Elles ont l'un des formats suivants :

```
K:Masque machines:[Commentaire]:Nom utilisateur:[Port]
```

ou

```
K:Masque machines:[Periodes]:Nom utilisateur:[Port]
```

Ces lignes peuvent être définitives et empêcher les clients visés de se connecter, quelle que soit l'heure (on utilise alors le premier format des lignes `K`), ou elles peuvent n'être valides qu'à certaines périodes de la journée, grâce au deuxième format. Un intervalle de temps est défini de la manière suivante :

```
HHMM-HHMM[,HHMM-HHMM]...,[HHMM-HHMM]
```

Deux caractères pour l'heure et deux autres pour les minutes. On peut aussi définir une liste d'intervalles en les séparant par des ','. Les intervalles ainsi définis correspondent à l'heure locale au serveur et non à celle du client.

Remarque :

- La chaîne de caractères `Commentaire` ne peut contenir d'espace : vous devez les remplacer par le caractère '_', comme on peut le voir sur les exemples qui suivent.

Exemples :

- On désire refuser l'accès au serveur à tous les comptes `root` de la planète ainsi qu'à tous les utilisateurs du domaine `.edu` contenant la chaîne "bot" dans leur `login`. Pour cela, on crée les lignes `K` suivantes :

```
K:*:Acces_refuse_pour_les root:root
K:*.edu:No_US_Bot_on_this_server:*.bot*
```

- `K:*.edu:0900-1900:*bot*`
  Cette ligne refuse la connexion aux utilisateurs du domaine `.edu` contenant la chaîne bot dans leur login entre 9h et 19h.
- `K:*.com:0900-1200,1400-1900:*`
  La ligne précédente interdit la connexion de tout utilisateur du domaine `.com` entre 9h-12h et 14h-19h.

Remarque :

- A part pour un premier avril, l'auteur déconseille la ligne `K` suivante :
  `K:*:April_Fool:*`

Les lignes `Y` (***obligatoires***)

Depuis le début de ce chapitre, nous mentionnons, sans entrer dans le détail, l'existence de classes de connexions utilisées dans les lignes `C`, `N`, `I` et `O`. Il est temps de lever le voile sur ce mystère. Ces classes permettent d'étiqueter toute connexion (client ou serveur) et de lui attribuer des propriétés différentes que nous analyserons plus bas. Les classes de connexion permettent, entre autres, de mieux filtrer les connexions clients ou d'optimiser les connexions serveurs. Elles sont essentielles pour l'administration de votre serveur.

Les classes de connexion sont définies par les lignes `Y` qui ont deux formats possibles, selon que la classe est utilisée pour des connexions client ou serveur.

Dans le cas d'une connexion client :

```
Y:Numéro de classe:Fréq de ping:Max même IP:Max connexion[:SENDQ]
```

Dans le cas d'une connexion serveur :

```
Y:Numéro de classe:Fréq de ping:Fréq de connexion:Max connexion:SENDQ
```

Le paramètre `Numéro de classe` définit l'étiquette associée à la classe ; ce doit être un nombre positif. Il est utilisé pour référencer la classe dans les autres lignes. Ce numéro est aussi utilisé pour les auto-connexions de serveurs (voir les lignes `C` et `N`). Plus il sera élevé, plus les lignes `C` et `N` seront prioritaires.

L'argument `Fréq de ping` sert à spécifier la période de temps après laquelle est envoyé un PING à toute connexion demeurant muette. Les connexions ne répondant pas à un PING seront considérées comme "mortes" et donc automatiquement fermées par le serveur.

Le paramètre `Fréq de connexion` est utilisée par les lignes `C`, il définit l'intervalle de temps entre deux tentatives de connexion à un autre serveur. Ce paramètre a tout intérêt à être suffisamment bas pour des connexions importantes (c'est le cas entre un serveur feuille et son hub).

Le paramètre `Max connexion` permet de définir le nombre maximal de connexions à un instant donné pour la classe tandis que le paramètre `Max même IP` borne le nombre de connexions simultanées à partir de la même machine définie par son adresse IP.

La paramètre `SENDQ` permet de fixer la taille des zones de travail du serveur. Ces zones stockent les informations en attente de transmission. Dans le cas d'une inteconnexion, il est conseillé de positionner le `SENDQ` aux alentours de 100000.

Attention :

- Il faut obligatoirement définir une classe de connexion avant de l'utiliser. On placera donc les lignes `Y` en début du fichier `ircd.conf` pour éviter tout risque d'erreur ;
- Par défaut, tout paramètre non spécifié lors de la définition d'une classe de connexion est mis à zéro.

Exemples :

- Reprenons notre serveur `irc.b.fr`. Dans le paragraphe sur les lignes `I`, nous utilisons quatre classes de connexion (numérotées de 1 à 4). On ajoutera donc en début du fichier de configuration les lignes `Y` suivantes :

  ```
  Y:1:120:20:20
  Y:2:120:10:10
  Y:3:120:10:10
  ```

  Si l'on considère que la machine `wallace.gromit.fr` est une machine personnelle, on peut définir la ligne `Y` suivante qui limite à une seule connexion la classe 1 :

  ```
  Y:4:120:1:1
  ```

  Pour la classe 5, associée à la ligne `i` ouverte à tous, on autorise 10 connectés possibles mais un seul par machine afin de limiter tout risque éventuel (voir les *flood bots* dans le chapitre suivant).

```
Y:5:120:1:10
Y:6:120:5:10
Y:7:120:5:10
```

6

Les robots IRC

Mais à quoi bon parler de robots ?

`Isaac Asimov - Nous les robots`

Qu'est-ce qu'un bot ?

```
*** usr1718 (usr1718@unknown) has joined channel #francais
> Bonjour usr1718
<usr1718> Salut Pabot. Tu viens d'ou ?
...
<usr1718> Pabot, tu viens d'ou ?
...
<usr1718> Pourquoi tu ne reponds pas ?
...
<usr1718> HE TU REPONDS !
<Someone1> usr1718: crie pas stp
<Someone3> ouarf encore 1 newbie ki cause a 1 bot
<Someone2> ;-)
<Someone1> usr1718 : essaye /msg pabot $help
<usr1718> ???
*usr1718* Hallo ?
-> *usr1718* Let me remind you the "$help" command.
*usr1718* je comprend pas
-> *usr1718* Let me remind you the "$help" command.
*usr1718* t'es vache je commence a peine irc.
-> *usr1718* Let me remind you the "$help" command.
```

Figure 6.1 : Le newbie et le bot

Cet extrait d'une session[1] `IRC` nous permet de lire un "dialogue" entre un bot (surnommé `Pabot` pour l'exemple) et un *newbie* (terme péjoratif qui se traduit littéralement par petit nouveau) de surnom `usr1718`. Ce texte, bien qu'un peu surréaliste, n'a rien d'exceptionnel sur `IRC`. Il est de coutume de présenter ce service comme un lieu où des gens bavardent, il n'est donc pas évident d'avoir le réflexe de penser que la personne en face n'est peut être qu'un enchevêtrement de boucles et de structures conditionnelles, ce que l'on nomme dans le milieu de l'`IRC` un bot, anciennement appelé *automaton* (mot tombé en désuétude).

Le nom bot provient de la contraction du mot anglais *robot*, ce qui explique sa prononciation à l'anglaise c'est-à-dire "botte" et non "beau". Un bot n'est rien d'autre qu'un programme informatique se connectant à un serveur `IRC`, ce dernier le considérant comme un client de base.

A quoi peut donc servir un robot ? A tout et rien comme nous le verrons par la suite. Ce qu'il faut tout de même savoir, c'est que les robots ont très mauvaise presse auprès des administrateurs `IRC`, qui les considèrent généralement comme des "bouffeurs de bande passante" et des "générateurs de problèmes". Cette image déplorable explique pourquoi certains administrateurs `IRC` refusent la connexion des robots sur leur serveur. Avant de connecter un robot et pour éviter des guerres stériles à grands coups de courriers électroniques brûlants, il est plus prudent de se renseigner auprès des administrateurs des serveurs pour connaître leur politique en cette matière.

Anthropologie du bot

L'auteur a pris l'habitude de comparer les bots à des représentants de la race canine, abusivement il est vrai. Il est possible de classifier les bots en trois grandes espèces :

- les **pitbulls** : pour les robots de guerre ou *warbot* destinés à prendre le contrôle d'un canal au détriment des opérateurs usuels. Le but de ces erreurs génériques est de causer le plus possibles de problèmes à un canal. Pourquoi génériques et non génétiques ? Ce terme du génie logiciel est parfaitement adapté pour décrire ces robots : l'originalité n'étant pas le fort des personnes utilisant ce type de programmes, on retrouve souvent les mêmes fonctionnalités dans tout warbot, quand ce n'est pas exactement les mêmes. On trouve aussi dans cette espèce les *floodbots* (littéralement robots raz-de-marée) dont le but est de submerger un canal de messages quelconques et souvent ineptes, empêchant toute discussion sur ledit canal.
- les **dobermans** : pour les robots gardiens de canaux. Ils sont supposés surveiller les canaux et assurer le calme propice à une discussion virtuelle. Beaucoup moins standard que leurs confrères pitbulls, ces robots sont souvent des joyaux d'originalité stratégique capables de se cloner momentanément pour assurer une meilleure sécurité ou encore de simuler une rancune virtuelle. Malgré tous ces trésors d'imagination, il est impossible de garantir la sécurité d'un canal. On peut tout au plus la renforcer.

[1]Cette session `IRC` est véridique, seul les surnoms ont été changés.

- les **caniches** : pour les bots de compagnie ou d'appartement. Dans ce domaine, tout est permis et même conseillé. Du bot de services (serveur de messages ou d'images, annuaire en ligne, ...) au bot poli (lancant un bonjour amical à tout nouveau venu dans un canal), on trouve de tout, du pire au meilleur.

Règles de savoir vivre

On parle souvent de la netiquette (voir à l'adresse suivante : `http://www.fau.edu/rinaldi/netiquette.html`) autrement dit le savoir-vivre virtuel. Il existe pour les bots ce que nous pourrions appeler une cybernetiquette. Ce texte est disponible sur Internet mais, pour information, le voici reproduit en version française et commentée.

- *Les bots ne doivent pas prendre l'initiative du dialogue, et éviter de répondre directement sur un canal.*
  Les robots sont là pour répondre aux questions des utilisateurs et non en poser. Les réponses des robots devraient se faire par messages privés ou par notices privées afin de ne pas encombrer la discussion en cours. Il est, par exemple, fortement déconseiller d'afficher l'aide de votre robot sur le canal. Il est préférable de l'envoyer par notices à l'utilisateur qui l'a réclamée. Un bon bot est donc un bot discret.
- *Les bots ne doivent pas saluer automatiquement les utilisateurs entrant sur un canal.*
  Directe application de la loi précédente, les robots saluant automatiquement sont de véritables générateurs de bruit. Cette attitude est aussi préjudiciable pour les utilisateurs que pour les robots eux-mêmes. Les utilisateurs n'apprécient généralement pas d'être submergés par un flot de 'Bonjour Untel' et autres marques de politesse lorsque deux serveurs se reconnectent après une rupture du réseau. Seconde conséquence, les serveurs `IRC` implémentent un mécanisme de limitation du trafic des utilisateurs. La gestion des messages provenant d'un robot générant trop de bruit sera automatiquement ralenti par le serveur. Un bot bavard deviendra un bot lent.
- *Un bot doit être testé sur un canal de tests.*
  C'est une simple règle de politesse qui peut vous éviter beaucoup d'ennuis.
- *Un bot ne doit pas être imposé aux utilisateurs d'un canal.*
  Certains canaux sont régis par des règles strictes concernant les robots : il est préférable de demander la permission aux opérateurs du canal s'ils acceptent votre robot. Un bot à succès est un bot désiré.
- *Outre le gardiennage de canaux, un bot devrait proposer des services à valeur ajoutée.*
  Allez dans le bon sens de l'évolution et créez des robots utiles. Un bot moderne est un bot de services.
- *Les bots ne doivent pas auto-oper.*
  On entend par auto-op, l'attribution automatique du mode '`+o`' par les robots à leurs utilisateurs référencés dès leur entrée sur le canal. Pourquoi déconseiller cette pratique ? Il y a environ trois robots dans un canal de taille moyenne, et certains canaux populaires peuvent en avoir une dizaine. Faisons la supposition

suivante : tous les robots pratiquent l'auto-op. Quand certains utilisateurs vont entrer dans le canal, ils vont peut être obtenir les droits d'opérateurs par plusieurs robots à la fois. On rappelle qu'un changement de mode génère un message qui est redistribué sur tout le réseau `IRC`. Lors d'une reconnexion de serveur, l'auto-op va alors générer un raz-de-marée de changements de modes préjudiciable à tout le réseau `IRC`[2]. Pour des canaux de tailles modérées, la règle suivante a prouvé son efficacité : les robots ne devraient auto-oper que les autres robots du canal et certains utilisateurs sur demande.

Les deux règles suivantes ont un caractère hautement philosophique ; elles ne sont donc données qu'à titre informatif. Libre aux créateurs de robots[3] de les appliquer (tout comme l'ensemble des autres règles...).

- *Un bot ne doit pas avoir d'esprit revanchard.*
  Une revanche automatique peut effectivement provoquer une guerre de kick sans issue entre deux robots têtus. Toutefois, un esprit revanchard est souvent la seule porte de sortie lors de l'invasion d'un canal par des robots de guerre.
- *Un bot ne devrait pas maintenir des sites complets sur liste noire de façon définitive.*
  Aussi appelée poétiquement *shit list*, cette liste noire (locale à chaque robot, à la condition que leur créateur ait prévu cette fonctionnalité) désigne un ensemble d'utilisateurs ou de sites Internet qui seront automatiquement rejetés d'un canal.

Au risque de passer pour un vieux moralisateur, l'auteur conseille vivement aux créateurs de robots de respecter les règles précédentes. Il serait dommage que votre création ne soit pas adoptée par les utilisateurs pour un simple manque aux règles de savoir-vivre.

Adopter un bot

Continuons notre parallèle avec la race canine. Il est légitime de vouloir un animal de compagnie. Si l'on n'est pas soi-même éleveur, on peut s'adresser à la S.P.A. pour en adopter un. Il est possible d'avoir la même démarche avec un robot `IRC`. Pour les personnes n'ayant pas les ressources matérielles (un éditeur de texte et un compilateur) ni même le temps d'élever un bot jusqu'à l'âge adulte, il est possible d'en adopter un sur certains serveurs `FTP` ou sur le `WEB`.

- véritables refuges pour robots, les trois URL suivantes regroupent plusieurs robots écrits en mIRC et ne fonctionnant donc que sous l'environnement PC/Windows.
  - `http://www.hipshop.com/bots.html`
  - `http://www.xcalibre.com/topbots.htm`
  - `http://www.toledolink.com/~jar/mirc.html`
- dans l'environnement Unix, et si vous disposez d'un compilateur C, vous pouvez adopter un certain `EggDrop` aux adresses suivantes :
  - sur son site officiel : `ftp://ftp.sodre.net/pub/eggdrop/`

[2]Et donc pour Internet, qui n'a vraiment pas besoin de cela actuellement.
[3]Robotmaster !?

- `http://www.xcalibre.com/eggdrop.htm`
  Ce robot est supposé assurer la protection de votre canal, entre autre.

Créer son bot

Il est très tentant de créer de A à Z son propre bot. Aux personnes qui pensent que programmer un robot est une perte de temps inintéressante, on pourrait répondre que l'acte créatif n'est jamais perte de temps, et qu'il n'existe aucun sujet inintéressant mais des sujets pouvant ne pas intéresser certaines catégories de gens. Fin de la parenthèse philosophie de cuisine.

La création d'un robot peut se révéler être une tâche longue : il vous faudra maîtriser des domaines aussi variés que la communication sur Internet, l'analyse syntaxique, des protocoles de communication. Un robot `IRC` peut être une bonne excuse pour apprendre tout en se divertissant.

Un bot pour quoi faire ?

Si votre but est de construire un *warbot*, un *floodbot* ou autre *clonebot*, c'est-à-dire une nuisance publique, vous pouvez passer directement au chapitre suivant.

Avant de commencer à créer un robot, posez-vous cette simple question : "Que vais-je faire de ce bot ?". La structure même de votre robot dépend de la réponse. Un robot de gardiennage devra privilégier la vitesse de réaction et les stratégies de défense tandis qu'un robot de compagnie sera plus centré autour d'une analyse poussée des paroles échangées sur un canal.

Si vous avez besoin d'un robot pour assurer la protection d'un canal et que vous ne comptez pas lui faire faire des choses plus originales, il est dans votre intérêt d'utiliser un bot déjà présent sur `IRC` (certains robots sont, en effet, capables de gérer plusieurs canaux à la fois) ou de récupérer les sources d'un robot comme nous l'avons vu plus haut.

Maintenant que vous avez une idée plus précise de l'orientation de votre future création, il vous faut savoir si vous possédez les moyens matériels de votre ambition.

Quelles ressources sont nécessaires ?

Adopter un chien, c'est passer du temps à l'élever et à le sortir, dépenser de l'argent pour l'entretenir et le nourrir. C'est la même chose pour les robots `IRC`.

Créer un robot est un important investissement en temps surtout pour les robots de services qui ont tendance à se transformer en usine à gaz avec l'âge. Il n'est pas rare que le développement d'un robot se poursuive sur plusieurs années, surtout si votre création remporte un quelconque succès.

Avant de vous lancer dans la création de votre robot, pensez à l'aspect financier de l'aventure. Mis à part les warbots, votre robot doit être en permanence connecté au réseau IRC. N'oubliez pas qu'un robot doit être créé pour les autres et non pour sa propre satisfaction, ce qui implique une présence quasi permanente de votre programme, même pendant votre absence. En conclusion, tant que la politique tarifaire de France Télécom concernant les coups des communications téléphoniques n'évoluera pas, il est économiquement ruineux de vouloir connecter un robot au travers d'une connexion RTC. Seul les ordinateurs possédant un accès à Internet de type LS (liaisons spécialisées ou plutôt liaisons louées pour être plus moderne) pourront raisonnablement accueillir des robots. Ce qui explique que la plupart des robots français soient d'origine universitaire.

Quel langage utiliser ?

Le choix du meilleur idiome informatique pour programmer un robot est une question qui revient sans cesse. Peut-être est-ce dû au fait que cette interrogation n'a pas de réponse. Comme toujours en informatique, il n'existe pas de solution unique, ce qui fait le charme de cette discipline. Il n'y a pas un meilleur langage pour programmer des robots. Il existe, en effet, des robots dans à peu près tous les langages informatiques existants mis à part, peut être[4], l'Algol. Vérifier toutefois que votre langage de prédilection soit apte à gérer les chaînes de caractères de manière efficace ainsi que la communication entre applications au moyen du protocole TCP.

Si l'on regarde les bots existants, trois langages sortent du lot :

- les robots en IRCii
  Développé spécialement pour l'écriture de scripts interagissant avec les serveurs IRC, le langage IRCii n'est pas à proprement parler un modèle du genre. Sa sémantique aléatoire et sa lenteur d'exécution en font, pour l'auteur, plus une curiosité qu'un véritable langage. Toutefois, reconnaissons à ce langage un intérêt : sa simplicité d'emploi. Autre avantage, le robot sera en fait exécuté par le logiciel `IRCii`, vous n'aurez donc pas à vous occuper de l'établissement de la connexion avec le serveur et des échanges de messages avec lui, chose relativement complexe.

  Exemple :
  – On considère la fonction suivante :
  ```
  @ rep = 0
  while (rep < [$0]) {$1-;@ rep = rep + 1}
  assign -rep
  ```
  La première ligne crée un espace mémoire associé à la variable `rep` et l'initialise à `0`.
  La seconde ligne est une boucle conditionnelle `while`. Le programme sortira de la boucle dès que la variable `rep` sera supérieure ou égale au premier argument passé à la fonction, noté par `[$0]`. Le corps de la boucle comporte deux instructions ; la première `$1-` permet d'exécuter la commande

[4]Sûrement.

passée en second paramètre de la fonction, la seconde commande incrémente la variable `rep`. La dernière ligne permet de supprimer la variable `rep` de l'espace mémoire. En résumé, cette fonction permet de répéter un certain nombre de fois une même commande.

- les robots en C
  Il serait un peu osé de présenter le langage C en trois ou quatre lignes. Le C apportera sa puissance et sa rapidité au bot. La critique principale étant son manque d'accessibilité pour un non informaticien.
- les robots en PERL
  Si vous réussissez à ne pas être rebuté par sa syntaxe cryptique, vous découvrirez en PERL un langage parfaitement adapté à l'écriture de robots IRC. Ses qualités principales étant sa rapidité et la puissance de ses fonctions de traitement des flots de caractères qui sont la base de tous les robots.
- les robots en mIRC
  mIRC ou IRCii, même combat. Ces deux langages sont des langages de script créés spécialement pour IRC. Ces deux langages ont les mêmes défauts et qualités. Leur syntaxe est suffisamment proche, ce qui permet de passer de l'un à l'autre sans grand problème, mais suffisamment différente pour que les scripts développés dans l'un ne fonctionnent pas avec l'autre.

Pour être réellement complet, nous allons maintenant étudier un squelette de robot IRC. Nous n'entrerons, bien évidemment, pas dans des détails bas niveau de programmation qui n'ont pas la place dans un tel ouvrage, mais nous nous attarderons sur certaines trames du protocole IRC qui sont suffisantes pour connecter votre robot à un serveur.

Un squelette de robot

Notre squelette de robot (que nous allons appeler Lucy) se connectera au serveur `irc.b.fr` depuis la machine `carton.musee.fr`.

Un peu de protocole

Le protocole IRC étant décrit amplement dans la RFC 1459, nous nous contenterons de présenter la structure générale des messages échangés entre le serveur et un client.

Les messages du client

Les messages envoyés par le client au serveur ont tous le même format, c'est-à-dire :

`TYPE_MESSAGE argument`

`TYPE_MESSAGE` étant un mot précisant le type de message envoyé, les arguments étant variables suivant ce type.

Exemples :

- `NICK Surnom`
  Permet de fixer le surnom du robot ;
- `MODE #france +o Ludifer`
  Permet de provoquer un changement de mode sur un canal.

Les messages du serveur

Les messages du serveur sont un peu plus complexes ; il en existe en fait deux sortes :

- les messages de type `PING` qui ont pour format :
  `PING :NomServeur`
  Ces messages permettent au serveur de vérifier l'état de votre connexion : si vous n'y répondez pas, vous serez automatiquement déconnecté. Pour y répondre, il suffit de retourner le message :
  `PONG LoginMachine`
- les messages généraux qui ont pour format :
  `:NomServeur NuméroMessage Surnom ContenuMessage`
  Par exemple :
  `:sil.polytechnique.fr 376 Lucy :End of /MOTD command.`
  Cette trame signale la fin de l'envoi de la bannière d'accueil du serveur.

La connexion

Nous avons dit que pour un serveur `IRC`, un robot est considéré comme un vulgaire client. Le robot doit donc effectuer le même travail qu'un client lors de la connexion au serveur. Ce travail se résume par un mot : identification.

La trame `USER`

C'est par ce message que vous allez déclarer un nouvel utilisateur au serveur `IRC`, cette trame a pour format :

```
USER user machine serveur [:]ircname
```

Exemple :

- On enverra la trame suivante pour déclarer Lucy auprès du serveur :
  `USER lucy carton.musee.fr irc.b.fr :Un squelette de robot`
  On remarque que le paramètre `ircname` est précédé du caractère '`:`'. Ce caractère est obligatoire si votre champ `ircname` contient plusieurs mots. Si les '`:`' ne sont pas présents, seul le premier mot de l'`ircname` sera pris en compte.

La trame `NICK`

Il ne vous reste plus qu'à baptiser votre robot au moyen de la trame `NICK` qui a le format suivant :

`NICK Surnom`

Exemple :

- Pour baptiser notre squelette, il suffit d'envoyer la trame suivante au serveur :
  `NICK Lucy`

Entrer sur un canal

Pour faire entrer votre robot sur un canal de discussions, la trame `JOIN` suffit. Elle a pour format :

`JOIN NomCanal`

Exemple :

- Pour faire entrer Lucy dans le canal `#Archeo`, il suffit de générer le message suivant : :
  `JOIN #Archeo`

Lorsque le serveur reçoit un message de type `JOIN`, il retourne au robot une liste d'informations sur le canal désigné. Cette liste permet aux robots de construire la liste des participants sur le canal, leur droit, etc. Le serveur renvoie donc les messages suivants :

- `:NomServeur 332 Surnom #NomCanal :Sujet du canal`
  Ce message contient le sujet ou "topic" en cours sur le canal ;
- `:NomServeur 353 Surnom = #NomCanal :Surnom1 ...  SurnomK`
  Ces messages contiennent la liste des utilisateurs présents sur le canal ainsi que leur mode (voir la commande `who` au chapitre 2 pour plus de précisions) ;
- `:NomServeur 366 Surnom #NomCanal :End of /NAMES list.`
  Ce message signale la fin de l'envoi des informations concernant le canal.

La déconnexion

Il est déjà temps de remettre Lucy dans sa caisse : il vous faut donc vous déconnecter du réseau `IRC`. Pour cela vous pouvez utiliser le message `QUIT`, qui a pour format :

`QUIT [:]Message de départ`

Exemple :

- `QUIT :Lucy vous quitte`

Il est clair qu'avec aussi peu d'informations, vous ne pourrez pas développer un robot `IRC` mais, comme nous le disions au début de cette partie, ce n'est pas le but de cet ouvrage. Pour les passionnés de programmation qui voudraient créer un robot, nous ne pouvons que conseiller de rechercher sur le réseau des sources de robots et de les analyser ; c'est le meilleur moyen pour apprendre.

7

IRC avancé

Le chapitre "Premiers pas sur IRC" devrait être suffisant pour la majorité des utilisateurs. Pour ceux qui veulent s'investir plus dans IRC, nous présentons dans ce chapitre des nouvelles fonctionnalités qui vous permettront, par exemple, d'échanger des données entre utilisateurs ou de gérer les interconnexions entre serveurs.

Les commandes DCC

Reprenons notre structure client/serveur. Qu'implique-t-elle pour le dialogue entre deux utilisateurs ?

Comme nous le voyons sur la figure 7.1, tout message échangé entre deux utilisateurs traverse obligatoirement un ou plusieurs serveurs IRC.

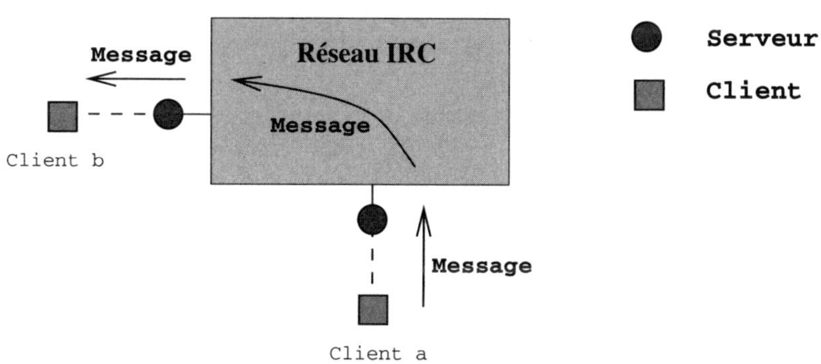

Figure 7.1 : Parcours d'un message

Cela implique deux choses :

- si un lien est rompu entre le serveur sur lequel vous êtes connecté et celui de votre destinataire, le message ne lui parviendra pas ;
- le message passe obligatoirement par des serveurs dont vous n'avez pas la maîtrise ; or ces relais peuvent être configurés pour conserver tous les messages passant par eux. Il n'y a donc aucune garantie que seul votre destinataire lira votre message.

Les commandes DCC ou *Direct Client Chat* ont été créées pour palier cela. Leur principe de base est simple. Pour éviter les deux problèmes précédents, il suffit d'établir une connexion directe entre les deux clients, comme nous le voyons sur la figure 7.2.

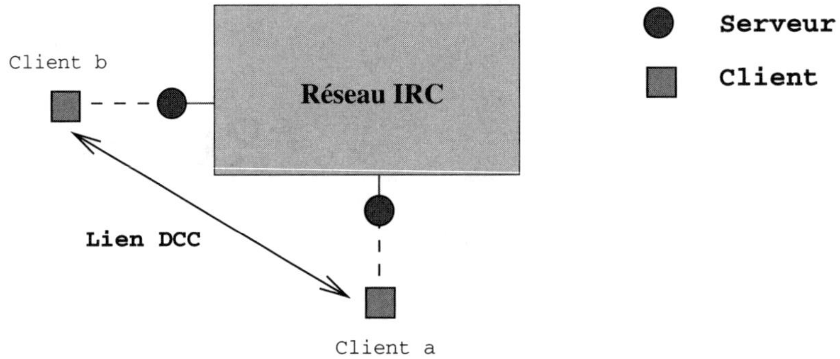

Figure 7.2: Principe des DCC

Remarque :

- L'établissement d'une connexion DCC n'est pas incompatible avec votre connexion principale au serveur IRC. Vous pouvez donc utiliser à la fois les commandes DCC et les commandes IRC.

Une connexion DCC garantit donc :

- un nombre plus limité de déconnexions entre les deux clients. En effet, les risques de déconnexions sont plus réduits sur une liaison point à point que sur une chaîne de liaisons point à point.
- une vitesse plus importante dans l'échange des messages, une connexion DCC illustrant parfaitement un célèbre axiome de géométrie : le plus court chemin entre deux points est la ligne droite.
- un peu plus d'intimité dans l'échange de vos messages. Les plus paranoïaques d'entre nous dirons que, n'ayant pas la maîtrise des routeurs et autres relais IP, il est impossible de garantir la sécurité de l'échange des messages. Soit ! Mais tant que nous serons dans un État qui considère la cryptographie comme une menace à la sécurité publique, il faudra faire avec des solutions qui s'avèrent être satisfaisantes pour une utilisation normale.

Nous allons voir, maintenant, comment utiliser les commandes DCC ainsi que leurs fonctionnalités principales. Toutes ces fonctions sont accessibles au travers de la commande `dcc` qui permet, suivant les arguments utilisés, de créer des liens DCC ou bien d'échanger des fichiers. Utilisé sans argument, cette commande fournit la liste des connexions DCC déjà ouvertes.

Discussion directe

Etablissement de la connexion

Pour créer un lien `DCC` entre vous et un autre client, il suffit d'utiliser la commande `dcc` avec les arguments suivants :

`/dcc chat SurnomDestinataire`

Le seul appel à cette fonction n'ouvre pas directement la connexion : il faut que votre destinataire l'accepte. Pour cela, il lui suffit de saisir la commande :

`/dcc chat SurnomExpéditeur`

Exemple :

- L'utilisateur Boule veut établir une connexion `DCC` avec Bill ; il tape alors la commande suivante :
  `/dcc chat Bill`
  qui affiche sur son écran la ligne :
  `*** Sent DCC CHAT request to Bill`
  et sur l'écran de l'utilisateur Bill :
  `*** DCC CHAT (chat) request received from Boule`
  Si l'utilisateur Bill accepte la demande, le message suivant confirmant l'établissement de la connexion, apparaîtra sur son écran :
  `*** DCC CHAT connection with Boule[194.56.128.13,1050] established`
  L'utilisateur Boule, quant à lui recevra :
  `*** DCC chat connection to Bill[194.72.147.210,1052] established`

Remarque :

- Il n'est possible d'ouvrir qu'un seul lien `DCC` pour la discussion avec un même utilisateur à un instant précis. Cette limitation ne s'applique plus dans le cadre d'un lien `DCC` dédié aux transferts de fichiers comme nous le verrons plus loin.

Echange de messages

Vous voilà maintenant connecté au travers d'un lien `DCC` : il ne vous reste plus qu'à échanger des messages. Pour cela, on réutilise la commande `msg` que nous avons vue auparavant. Pour préciser à cette commande que le message doit passer par le lien `DCC` et non par le classique réseau `IRC`, il suffit de faire précéder le surnom du destinataire par le caractère '='.

Les messages envoyés au travers d'un lien `DCC` sont affichés sous le format suivant :

- pour l'expéditeur :
  `=> =SurnomDestinataire= Texte`
- pour le destinataire :
  `=SurnomExpediteur= Texte`

Exemples :

- `/msg =Boule J'aime pas cette B.D.`
- `/msg =Bill,BigBot The End`
  Ce dernier exemple envoie le message `The End` à l'utilisateur BigBot *via* le réseau `IRC` et à Bill en empruntant un lien `DCC`.

Fermeture de la connexion

Une connexion directe se ferme toujours à l'aide de la commande `dcc` appliquée au paramètre `close` comme suit :

`/dcc close chat Surnom`

Exemple :

- Boule souhaite, maintenant, fermer la connexion avec Bill ; il tape alors la commande suivante :
  `/dcc close chat Bill`
  qui affiche sur l'écran de Bill :
  `*** DCC CHAT connection to Boule lost:  Remote end closed connection`
  et ce message sur son écran :
  `*** DCC chat:<any> to Bill closed`

Echange de fichiers

Un des paradoxes d'Internet est que vous pouvez très facilement mettre un fichier à la disposition de millions de personnes mais qu'il est plus compliqué de ne l'envoyer qu'à une unique personne. Seule solution, pour l'instant, utiliser les attachements de fichiers dans les courriers électroniques, mais entre les MIME et autre UUENCODE, il y a une chance sur deux que le fichier envoyé parte directement dans la poubelle. Avec `IRC`, vous disposez d'un ensemble de fonctions qui vont vous permettre d'échanger très facilement des fichiers entre utilisateurs.

Ce sont aussi des fonctions de type `DCC` ; elles sont donc accessibles au moyen de la commande `dcc`.

Pour envoyer un fichier, on utilise la commande suivante :

`/dcc send SurnomDestinataire NomFichier`

et pour recevoir le fichier :

`/dcc get SurnomExpéditeur [NomFichier]`

En cas d'absence du paramètre `NomFichier`, la commande `dcc get` s'appliquera au plus ancien envoi de fichier.

Exemple :

- L'utilisateur Auteur désire envoyer son manuscrit à Editeur. Pour cela, Auteur entre la commande suivante :
`/dcc send Editeur ircbook.tar.gz`
ce qui affiche sur son écran :
`*** Sent DCC SEND request to Editeur`
et sur l'écran de Editeur :
`*** DCC SEND (ircbook.tgz 467874) request received from Auteur`
le chiffre suivant le nom du fichier proposé étant la taille en octets de ce dernier. Il suffira alors à Editeur de saisir la commande :
`/dcc get Auteur ircbook.tar.gz`
ou bien
`/dcc get Auteur`
pour démarrer le transfert du fichier. Pour connaître l'état d'avancement du transfert, on utilise la commande `dcc` sans argument qui affiche, en fait, la liste des connexions DCC ouvertes ainsi que leur statut.

Vous pouvez interrompre le transfert en utilisant :

```
/dcc close send Surnom [NomFichier]
```

Sans le paramètre `NomFichier`, la commande s'appliquera au plus ancien transfert en cours.

Exemple :

- `/dcc close send Auteur ircbook.tar.gz`

Les commandes DCC de transferts de fichiers transforment IRC en un formidable outil de travail, elles peuvent s'implifier énormement l'écriture d'ouvrages communs à des personnes dispersées sur la planète. Il est dommage que ces commandes ne soient généralement utilisées que pour du piratage de logiciels au moyen de robots serveurs de fichiers.

Administrer un serveur IRC

De par son status particulier de service interconnecté, IRC demande plus de maintenance que la plupart des autres services Internet (hormis, peut-être, le cauchemardesque `inn` gérant les forums de discussions). En tant qu'administrateur IRC vous aurez à surveiller trois choses précises :

- son fonctionnement ;
- les utilisateurs ;
- le routage dans le réseau IRC.

Remarque :

- Assurez-vous d'être en mode opérateur IRC avant d'utiliser les commandes présentées dans cette partie.

Surveiller le bon fonctionnement du serveur

Surveiller un serveur ne veut pas seulement dire s'assurer de son bon fonctionnement : il faut aussi contrôler ses performances et la bonne gestion des clients. Pour cela, l'administrateur dispose de plusieurs commandes d'audit.

La commande `lusers`

Cette commande permet de connaître le nombre d'utilisateurs connectés à un moment précis sur un serveur particulier et sur l'ensemble du réseau IRC. Cette commande a pour syntaxe :

`/lusers [Masque Domaine] [Masque Serveur]`

Le paramètre `Domaine` permet de définir l'ensemble des utilisateurs à dénombrer, le second argument désigne l'ensemble des serveurs IRC sur lesquels va s'appliquer la commande `lusers`. Dans le cas où ces deux arguments sont omis, la commande dénombrera tous les clients du serveur local. On trouvera sur la figure 7.3 un exemple de résultat d'une commande `lusers`.

Exemples :

- `/lusers *.fr`
  Demande le nombre d'utilisateurs du domaine '.fr' connectés sur l'ensemble du réseau IRC ;
- `/lusers *.com *.fr`
  Demande le nombre d'utilisateurs du domaine '.com' connectés sur l'ensemble des serveurs dont le nom se termine par '.fr' ;
- `/lusers irc.eurecom.fr`
  Permet de dénombrer les utilisateurs connectés sur le serveur `irc.eurecom.fr`.

```
*** There are 12347 users and 0 services on 59 servers
*** 3978 channels have been formed
*** This server has 149 clients, 0 services and 2 servers connected
```

Figure 7.3: Résultat d'une commande `lusers`

L'administrateur prêtera tout particulièrement attention au nombre de serveurs présents, ce qui permet de diagnostiquer une rupture du réseau (ou "split"), au nombre d'utilisateurs sur le réseau (une valeur inhabituelle pourrait expliquer un ralentissement des performances globales), et au nombre d'utilisateurs sur son serveur, qui peut traduire un disfonctionnement quelconque s'il est trop faible, ou une attaque de floodbots s'il est anormalement élevé.

La commande stat

Maintenir un service Internet, c'est aussi étudier son impact en termes de ressources machines et réseau, ainsi que son utilité pour le reste de la "communauté". Contrairement aux autres services Internet, IRC possède en standard tous les outils nécessaires pour ce genre d'étude, notamment la commande `stat`, qui a pour syntaxe :

```
/stat Type [Nom Serveur]
```

Le paramètre `Type` correspond à une lettre choisie parmi : C, D, H, I, K, L, M, O, T, U, Y et Z, qui définit le type d'audit à réaliser. Le dernier paramètre permet de préciser sur quel serveur IRC la commande doit s'appliquer. Dans le cas où il n'est pas précisé, elle s'appliquera au serveur local.

Suivant le type choisi, on peut accéder aux statistiques suivantes :

- C : donne la liste des lignes C et N ;
- H : fournit la liste des lignes H et L ;
- I : permet de connaître l'ensemble des lignes I et i ;
- K : donne la liste des lignes K ;
- L : permet de surveiller l'état des liaisons entre serveurs ;
- M : permet de savoir combien de fois ont été utilisées certaines commandes ;
- O : donne la liste des lignes O, c'est-à-dire la liste des opérateurs IRC ;
- T : permet de mesurer les débits entrant et sortant, ainsi que diverses statistiques sur le nombre de clients connectés ;
- U : permet de savoir depuis combien de temps le serveur fonctionne ;
- Y : fournit la liste des classes de connexions définit par les lignes Y ;
- Z : donne des informations sur la mémoire occupée par le serveur.

Exemples :

- `/stat C`
  Donne la liste des lignes C du serveur local ;
- `/stat H irc.eurecom.fr`
  Donne la liste des lignes H du serveur `irc.eurecom.fr`.

Remarque :

- Globalement, les résultats retournés par la commande `stat` sont difficiles à décrypter. Pour améliorer cette présentation (et bien d'autres choses), il est conseillé d'installer l'extension CR8 sur votre serveur. Pour s'en convaincre, il suffit de comparer les figures 7.4 et 7.5.

```
*** Client - Server
*** connected 132 1
*** bytes sent 5909.492K 392.639K
*** bytes recv 1203.801K 24693.104K
*** time connected 365169 20823
```

Figure 7.4 : Résultat d'une commande `/stat T`

```
*** Data received    Average        Rate          Total
*** Clients:               9 Kb     0.06 Kb/s      1204 Kb
*** Servers:           24703 Kb     1.19 Kb/s     24703 Kb
*** UDP:                  44
```

Figure 7.5 : Résultat d'une commande `/stat T` *avec l'extension* CR8

Surveiller les utilisateurs

L'ombre de '1984' et de 'Brazil' plannerait-elle sur IRC ? Il n'est pas dans les intentions de l'auteur de transformer les administrateurs en Big Brother, mais il fallait bien donner un titre à cette section même s'il est provocateur en ces temps où le traçage des utilisateurs est à la mode[1].

Il est bien évident que nous ne nous abaisserons pas à de telles pratiques, puisque surveillance sur IRC rime avec gestion des classes de connexions et des lignes K.

La commande trace

Rappelons que toute connexion sur un serveur IRC est associée à une ligne I, elle-même rattachée à une ligne Y. Cette dernière permet de contrôler, entre autres, le nombre d'utilisateurs autorisés par ligne I. Pour assurer une gestion correcte du serveur, il faudrait associer une ligne I à tout domaine se connectant sur le serveur ce qui demande un travail important de la part de l'administrateur. La solution de facilité est la ligne I ouverte à tous, c'est-à-dire :

```
I:*::*::1
```

C'est pourtant une solution fortement déconseillée, car c'est le plus sûr moyen d'attirer les hackers ; cette ligne I aura le même effet qu'un morceau de bœuf dans un aquarium de piranhas.

Vous êtes donc obligé d'ouvrir des nouvelles lignes I au fur et à mesure des arrivants. Pour connaître les domaines accédant à votre serveur vous pouvez :

- étudier les fichiers de logs et notamment le fichier `rejects` ;
- créer une ligne `i` ouverte à tous mais restrictive et utiliser la commande `trace` pour connaître la provenance de vos clients.

[1] Les indigestions de gâteaux sont courantes sur le Web.

La commande `trace` a pour syntaxe :

`/trace [Nom Serveur]`

Si l'argument est omis, la commande s'appliquera sur le serveur local.

On trouve en figure 7.6 un exemple de résultat d'une commande `trace`. La première colonne indique si le connecté est un opérateur (`Oper`) ou un simple utilisateur (`User`), le nombre suivant indique la classe de connexion correspondante. A droite, on trouve les coordonnées du client composées de son surnom, de son `login` et de son nom de machine entre `[...]`.

```
*** Oper [1] ==> ZeuYen[alain@194.51.149.1]
*** User [1] ==> Zeu[alain@194.51.149.1]
*** irc.terrier.fr 2.9.1p16. End of TRACE
```

Figure 7.6 : Résultat d'une commande `/trace`

Surveiller le routage

La dernière chose que vous aurez à surveiller en tant qu'administrateur IRC, c'est le routage et la structure du réseau. Pour cela vous disposez de quatre commandes : `ping`, `links`, `squit` et `connect`.

La commande ping

Cette commande va vous permettre de mesurer le temps vous séparant d'un autre utilisateur. `ping` a pour syntaxe :

`/ping Surnom`

Dans le cas où le temps retourné est trop important, il est conseillé de vérifier ce résultat à l'aide des commandes Unix classiques : `traceroute` et `ping` afin de vérifier s'il s'agit d'un problème lié au réseau Internet. Dans ce cas, vous n'avez pas beaucoup de solutions ; dans le cas contraire, il est peut être nécessaire d'effectuer un reroutage du réseau IRC.

Remarque :

- Attention, des résultats catastrophiques à un `ping` ne veulent pas dire qu'il faut un reroutage ; c'est là que nous retombons dans le ridicule de la politique IRC. Les partisans du "Never /squit a working link" préfèrent un ralentissement de 300 secondes et tout ce que cela implique en termes de ressources machine, plutôt que de rerouter sur un lien qui fonctionne mieux. De même, ils préfèreront laisser un lien IRC en contradiction avec la topologie du réseau Internet. Pour leur défense, il faut savoir qu'une connexion de serveur génère plusieurs Mo de transfert : ils préfèreront donc ne pas en provoquer de nouvelle, de peur de saturer le réseau. Il est vrai qu'il est préférable d'encombrer en permanence des nœuds d'interconnexions internationaux en laissant le lien Lyon-Suisse-Nice plutôt que de rétablir le lien Lyon-Nice en encombrant durant quelques secondes RENATER[2].

La commande `links`

La commande **`links`** permet d'avoir la liste des liens composant le réseau `IRC`. Elle a pour syntaxe :

`/links [[Nom Serveur_1] [Nom Serveur_2]]`

Dans le cas où aucun argument n'est spécifié, la commande s'applique à tout le réseau `IRC`.

Exemples :

- `/links *.fr`
  Donne la liste des liens comportant à une de leur extrémité un serveur dont le nom se termine par '.fr' ;

- `/links *.fr *.com`
  Donne la liste des liens reliant un serveur dont le nom se termine par '`.fr`' à un autre en '`.com`'.

La commande `squit`

Cette commande va vous permettre de déconnecter un serveur ou plus exactement de fermer un lien du réseau `IRC`. En tant qu'opérateur `IRC` vous pouvez fermer tout lien du réseau. Cette commande est donc à utiliser avec une extrême précaution, une erreur est si vite arrivée[3]. Cette commande a pour syntaxe :

`/squit Nom Serveur [Message]`

Exemple :

- Reprenons notre réseau de tests du chapitre 5.

---

[2]Remarque ironique.

[3]N'essayez pas un `/squit *` qui ferme un lien au hasard.

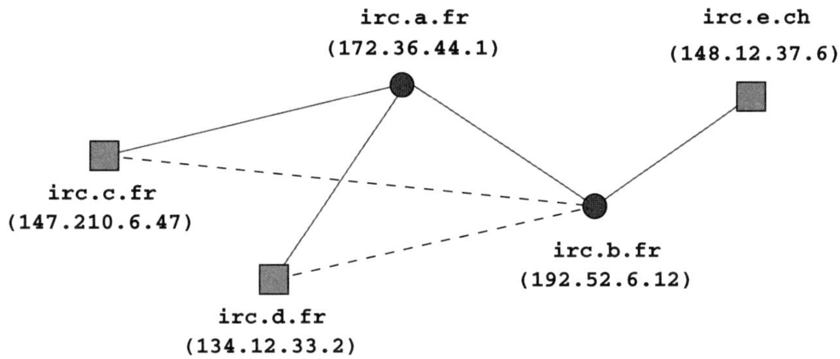

Figure 7.7: Le réseau cobaye

Si l'on souhaite fermer le lien reliant `irc.e.ch` à `irc.b.fr`, il suffit de saisir :

```
/squit irc.e.ch Switzerland, 2 points
```

La commande `connect`

Cette commande va vous permettre de rétablir un lien entre deux serveurs IRC, à condition que ce lien soit compatible avec les fichiers de configuration de deux serveurs et, pour être plus précis, avec les fichiers de configuration de tous les serveurs du réseau qui peuvent refuser certains liens (voir les lignes Q, L et H au chapitre 5). La commande `connect` a la syntaxe suivante :

```
/connect Serveur_1 [Port] [Serveur_2]
```

`connect` demande au `Server_2` de se connecter sur le `Serveur_1` en utilisant le port défini dans le second paramètre. Par défaut, `Port` a pour valeur 6667 et `Serveur_2` désigne le serveur local.

Exemples :

- Pour rétablir le lien entre `irc.e.ch` et `irc.b.fr`, un administrateur quelconque du réseau peut entrer la commande suivante :
  `/connect irc.b.fr 6667 irc.e.ch` ;
- L'administrateur du site `irc.e.ch` pourrait, par contre, saisir :
  `/connect irc.b.fr`

Épilogue

Il serait bien prétentieux de notre part de vouloir prédire l'avenir des programmes de *chat* sur Internet ; c'est un exercice hasardeux auquel ne se livrera pas l'auteur. Pourtant, il semblerait que deux grandes tendances émergent.

Les chats *graphique en 2D*

On regroupe sous ce terme tous les programmes de *chat* qui ne font qu'encapsuler un IRC (ou tout autre système de discussion temps réel) dans une interface graphique attrayante et simple d'accès.

Le but de ces programmes est avant tout de plaire à l'œil de l'utilisateur et de tout faire pour être accessible au débutant. L'ergonomie est donc leur point fort, terrain sur lequel IRC est inexistant, malgré le très bon mIRC.

Le plus célèbre des programmes de discussion en 2D est sans aucun doute Palace.

Palace

Palace est un logiciel commercial de *chat*. Contrairement à l'IRC, Palace base tout sur son environnement graphique de haut niveau. La figure 7.8 montre un écran de Palace. L'idée de base de ce logiciel est d'implémenter un ensemble de pièces construites autour d'un thème central (les catacombes de Paris, la forêt etc.) équivalent graphique des canaux d'IRC dans lesquelles les avatars (ou utilisateurs) viennent discuter.

Chaque avatar peut avoir une représentation graphique bien à lui ou utiliser des graphismes préconçus (c'est votre chance si vous désirez incarner un pac-man). Les textes des avatars apparaissent dans des bulles.

Mis à part la surcouche graphique, Palace est très proche dans son principe d'IRC. Il n'est par contre pas du tout adapté aux conversations faisant intervenir un grand

Figure 7.8 : Quand pac-man fait de l'`IRC`*.*

nombre de personnes (20 à 25 utilisateurs). Il n'y a tout simplement pas assez de place à l'écran pour afficher les textes. Il semblerait que ce problème soit commun à tous les logiciels de discussion utilisant le graphisme et non le texte pour afficher les messages des utilisateurs.

L'exécutable `Palace` ainsi que des informations sur tous les palaces disponibles sur Internet sont regroupés à l'adresse suivante :

`http://www.thepalace.com`

MS Chat

Microsoft apporte sa pierre à l'édifice des programmes de discussion temps réel sur Internet. Autant le dire tout de suite, leur contribution est extrêmement originale et divertissante, mais malheureusement difficilement utilisable, comme nous allons le voir.

`MS Chat` est basé sur le principe des vignettes de bandes dessinées. On le voit sur la figure 7.9, chaque échange de messages provoque l'apparition d'une vignette contenant les visages des participants au dialogue, surmontés par des bulles[4] contenant

[4]Ou phylactère comme le suggère l'éditeur ;-)

leurs paroles. Chaque participant peut choisir un visage parmi toute une bibliothèque (l'auteur ayant choisi une sorte de gros chat en pyjama) comme on le voit sur la fenêtre à droite au centre, ainsi qu'une expression pour ce visage (un équivalent des smileys mais sous forme graphique) à l'aide de la molette en bas à droite. Cette expression va modifier directement les traits de votre visage. Dès lors que vous émettrez un message, les autres participants vous verront apparaitre avec le visage et l'expression que vous aurez choisi. Des bibliothèques de visages sont disponibles sur le serveur de Microsoft. Vous pouvez donc à loisir personnifier un extra-terrestre de Roswel, un chat ou autre.

Figure 7.9: L'`IRC` *selon Microsoft.*

L'aspect ludique du programme est indéniable mais son ergonomie est déplorable. Il est, en effet, pratiquement impossible de suivre une conversation tant la présentation sous forme de vignettes est peu adaptée. Il est assez difficile de voir qui s'adresse à qui sous cette forme. Toutefois, le logiciel est sauvé par son option texte, qui permet de l'utiliser de la même façon qu'un client `IRC` normal. Sous cette forme, le logiciel est compatible avec les serveurs `IRC` des réseaux principaux.

Dans sa forme actuelle, ce programme doit subir de nombreuses améliorations pour pouvoir prétendre au nom de logiciel de *chat* : en mode texte, il n'est pas du tout à la hauteur de `mIRC`, en mode graphique (son point fort) son ergonomie est douteuse.

On trouvera l'exécutable de `MS Chat` directement sur le serveur de Microsoft à l'adresse suivante :

`http://www.microsoft.com/ie/comichat/default.htm`

Les univers virtuels

Quand on parle d'univers virtuels, on pense tout de suite au livre "Neuromancien" ou au film "Le cobaye", deux références[5] de la culture cyber. Nous n'en sommes pas encore là et technologiquement ce n'est pas demain que l'Homme se connectera à son PC au travers d'une prise cervicale pour griller ses neurones sur une erreur système de Windows. Sans être aussi futuriste, les mondes virtuels existent déjà près de chez nous, à un clic.

VRML a ouvert le bal mais il semblerait que ce langage ait du mal à s'imposer. Cela est sans doute dû à nos faibles bandes passantes qui ne nous permettent pas d'apprécier ce langage à sa juste valeur. De plus VRML n'est pas prévu pour supporter la discussion temps réel. Espérons qu'il ne soit pas juste une curiosité universitaire sans avenir.

Dernière expérience en date, le "Deuxième Monde" de Canal+. Ce logiciel vous permet de vous promener dans un Paris virtuel et d'y rencontrer les autres personnes, de les inviter chez vous etc. L'idée peut être intéressante pour visiter Paris sans la pollution, les chauffards et les gens qui courent sur les tapis roulants du métro. Quoique la qualité du rendu soit encore trop faible pour réellement apprécier le subtil choix de couleurs des colonnes de Buren. Pour ce qui est de la discussion, c'est un autre débat. L'intérêt d'`IRC` ou de `Palace` est de regrouper les utilisateurs dans un même espace, ce qui facilite la discussion et les rencontres. Le problème de l'univers virtuel est qu'il reproduira à l'identique la vie "normale", si sur `IRC` vous n'hésitez pas à pénétrer sur un canal, il en ira tout autrement s'il s'agit d'un appartement, même virtuel. Un univers virtuel implique une notion de propriété qui freinera sans aucun doute les rencontres et les échanges. De plus, l'univers créé est extrêmement froid, trop réel et sans aucune magie dans le cas du Deuxième Monde. Quel est l'intérêt de se connecter sur un monde que vous avez laissé derrière votre porte après deux heures de transports en commun ? N'aurait-il pas été plus intéressant de créer un monde plus futuriste ou férique apte à titiller nos imaginations ? A quoi bon recréer sur Internet le monde réel ? A quand les premiers S.D.F. on-line avec leur restaux du cyber-cœur ? En plus, il parrait que l'on peut voter...

Pour ce qui est du commerce dans ces univers, l'auteur préfère l'odeur d'une boulangerie, de son pain chaud et de ses viennoiseries et même celle d'une pizzeria, à celle d'un disque dur qui fume.

Pour plus de renseignement, sur le Deuxième Monde, vous pouvez aller visiter le site WEB suivant :

[5] Paraît-il !

`http://www.2nd-world.fr`

Autre type de monde virtuel, les jeux réseaux. Il peut sembler étrange de citer ce type de logiciels et pourtant la prochaine évolution des *chat* est peut être cachée là. Le plus prometteur dans ce domaine semble être *Ultima On Line* de la société Origin. Prévu au départ comme la suite logique de leur série *Ultima*, il y a fort à parier que ce jeu sera détourné de son but originel et transformé en monde virtuel. Pour ne rien gâter, les joueurs y incarnant des magiciens et autres personnage tirés de la littérature fantastique, il est clair que des clans s'y développeront ainsi que des guerres tribales à coup de boules de feu. Nous retrouvons bien là la philosophie d'`IRC` et de ses tribus. Il semblerait que nous ayons bouclé la boucle ; retour aux guerres ethniques du premier chapitre[6].

[6]Le premier livre récursif ?

A

Le jargon IRC

imho u react 2l8

`Anonyme`

L'`IRC` a développé un jargon bien à lui, constitué, en partie, à grand renfort d'abréviations qui permettent de communiquer le plus rapidement possible. Cette annexe regroupe une liste des mots les plus courants sur `IRC`.

Le patois cyber

Les abréviations

- **2l8** : *too late* (trop tard) ;
- **aka** : *also known as* (aussi connu en tant que) ;
- **asap**: *as soon as possible* (dès que possible) ;
- **bbl** : *be back later* (je reviens plus tard) ;
- **btw** : *by the way* (soit dit en passant) ;
- **brb** : *be right back* (je reviens de suite) ;
- **imho** : *in my humble opinion* (à mon humble avis). Terme diplomatique rarement utilisé sur #fr-opers ;
- **rotfl** : *rolling on the floor laughing* (mort de rire).

Les bots

- **bot** : contraction de robot, logiciel se comportant comme un utilisateur normal au grand désespoir des débutants ;

- **clonebot** : robot ayant la mauvaise habitude de se reproduire plus vite que les lapins ;
- **floodbot** : robot destiné à noyer un canal ;
- **shitlist** : ensemble d'utilisateurs qu'un bot se fera une joie de kick/banner automatiquement d'un canal ;
- **warbot** : robot guerrier destiné à prendre le contrôle d'un canal.

Canaux et utilisateurs

- **ban** : bannissement d'un utilisateur d'un canal ;
- **channel** : lieu de discussion. Les salons de thé virtuels ;
- **channel take over** : quand un utilisateur prend le pouvoir total sur un canal ;
- **chanop** : *channel operator*. Administrateur d'un canal. Personne possédant le droit op ;
- **hopeless** : se dit d'un canal perpétuellement opless ;
- **kick** : permet de mettre un utilisateur à la porte d'un canal. Jouet préféré des bots ;
- **male or female ?** : la conséquence d'un nick trop exotique ;
- **newbie** : débutant, petit nouveau. Terme généralement utilisé dans un contexte péjoratif ;
- **nick** : votre surnom sur `IRC`. Eviter les "TaMère" et autres "Inter" légèrement usés ;
- **nick collision** : conflit de surnoms. Erreur provoquée par le fait que plusieurs utilisateurs essaient d'avoir le même nick en même temps ;
- **op** : droit donnant l'accès aux commandes permettant de gérer un canal (kick, bans, op, etc.) ;
- **opless** : se dit d'un canal sur lequel aucun utilisateur ou bot n'a l'op.

Serveurs et administrateurs

- **kill** : déconnecte un utilisateur du réseau `IRC` (de façon temporaire). Fonction accessible aux seuls opérateurs et à l'origine de nombreux abus qui sont, officiellement, la raison du split US/EU de l'été 1996 ;
- **kill war** : guerre à coup de kills. Quand les opérateurs `IRC` se divertissent, ce termine souvent par une flame war ;
- **flame war** : guerre d'insultes par l'intermédiaire du courrier électronique, souvent synonyme de `irc-fr` ;
- **flood** : raz de marée de messages émis par un même utilisateur sur un canal. Généralement endigué par les bots au moyen d'un kick ;
- **ircop** : opérateur `IRC` devant assurer la bonne marche du réseau. Les utilisateurs les comparent souvent à des jeunes imbus de leur pouvoir. A tort ?

- **irc-admin** : administrateur `IRC` devant s'assurer du bon fonctionnement des serveurs `IRC` (compilation, configuration, etc.) ;
- **k-line** : ligne du fichier `ircd.conf` destinée à refuser la connexion de certains utilisateurs ;
- **lag** : se dit d'une lenteur de propagation d'un message entre deux utilisateurs. Au début d'`IRC` des lags d'une demi-heure étaient choses courantes ;
- **ND/CD** : *Nick Delay/Channel Delay.* Une méthode pour gérer les problèmes de *split riding.* Inclus par défaut dans les serveurs `IRC`, complémentaire de `TS` ;
- **policy** : règles de fonctionnement. On parle de *server policy* pour les règles en vigueur sur un serveur ;
- **rejoin** : reconnexion d'un serveur `IRC` après un split ;
- **split** : rupture d'une connexion entre deux serveurs `IRC` ;
- **split riding** : utilisation des ruptures du réseau `IRC` pour obtenir les droits d'op sur des canaux. Méthode assez peu appréciée par les utilisateurs des canaux cibles ;
- **TS** : *Time Stamp.* Voir `ND/CD`.

Divers

- **EBIC** : *European Board of IRC Coordinators*, le bureau politique de l'`IRCnet`. Une caricature d'administration européenne ;
- **IRC** : Internet Relay Chat ;
- **IRCle** : client `IRC` pour Mac ;
- **IRCii** : client `IRC` pour Unix ;
- **mIRC** : client `IRC` pour Windows 95 et 3.1 ;
- **smiley** : une assurance vie obligatoire sur `IRC` ;-)

B

Quelques adresses et statistiques utiles

404 Not Found

`httpd`

Accès au réseau IRCnet *en France*

Vous trouverez ci-dessous une liste d'adresses de serveurs `IRC` reliés au réseau `IRCnet`. La liste des serveurs est classée par ordre alphabétique sur le nom des villes. Choisissez votre serveur en fonction des résultats de `traceroute`. Tous ces serveurs attendent les demandes de connexions sur le port 6667.

- RENATER - Bordeaux : `salambo.enserb.u-bordeaux.fr` ;
- RENATER - Lyon : `irc.univ-lyon1.fr` ;
- RENATER - Nice : `irc.eurecom.fr` ;
- RENATER - Paris 1 : `sil.polytechnique.fr` ;
- RENATER - Paris 2 : `irc.enst.fr` ;
- RAIN - INSAT S.A. : `irc.insat.com` ;

Contacts

- Canaux IRC :
  - `#fr-opers` : lieu de rendez-vous des opérateurs gaulois, le français y est recommandé ;
  - `#eu-opers` : le canal des opérateurs européens, l'anglais est de rigueur. A n'utiliser qu'en dernier recours, tant il est utopique d'y trouver de l'aide.
- Listes de diffusion :

- IRC France : `irc-fr@ifens01.insa-lyon.fr`. La liste des administrateurs IRC français. C'est une liste ouverte en écriture mais privée en lecture. Vous pouvez y poster vos demandes d'information concernant les serveurs IRC français, les questions générales sont plutôt destinées au canal `#fr-opers` ;
- IRC Europe : `irc-eu@ifens01.insa-lyon.fr`. Regroupe la majeure partie des administrateurs européens.

Autres réseaux IRC

Voici une liste d'informations qui vous permettront de vous connecter à des réseaux IRC autres que l'IRCnet :

- EFnet
  - URL : `http://www.efnet.net`
  - Serveur : `irc.ec-lille.fr`
  - Canal : `#twilight_zone`
- Undernet
  - URL : `http://www.undernet.org`
  - Liste de diffusion : `help@undernet.org`
  - Serveur : `eu.undernet.org`
  - Canal : `#wasteland`
- DalNet
  - URL : `http://www.dal.net`
  - Liste de diffusion : `support@dal.net`
  - Serveur : `liberator.uk.dal.net`
  - Canal : `#dragonrealm`

Quelques statistiques

Ces statistiques n'ont aucune valeur scientifique et ne sont qu'une photographie de la situation de divers réseaux IRC à un moment précis. Elles ne sont données qu'à titre indicatif.

Réseau	Nb. utilisateurs	Nb. canaux	Nb. serveurs	Nb. opérateurs
IRCnet	14519	5058	54	96
EFnet	18572	7921	74	224
Undernet	11425	7174	44	35
DalNet	5730	1993	31	26

Des adresses pour bien commencer ... ou continuer

Nous regroupons ici quelques adresses utiles qui vous permettront de trouver des informations complémentaires sur `IRC` et ses clients.

- `http://www.irchelp.org` : annoncé comme la source ultime des informations sur `IRC`. Site très complet bien qu'ayant un peu de retard dans la mise à jour de ses informations ;
- `http://www.mirc.co.uk/servers.html` : une liste très complète des serveurs et réseaux `IRC` existants ;
- `ftp://ftp.funet.fi/pub/unix/irc/IRCii` : site officiel du client `IRCii` ;
- `http://www.xs4all.nl/~ircle` : site officiel du client `IRCle` ;
- `http://www.mirc.co.uk` : site officiel du client `mIRC` ;
- `ftp://ftp.catless.nsl.ac.uk/pub` : les sources de `Zircon` ;
- `http://www.irchelp.org/irchelp/script/`: des scripts en IRCii ;
- `http://www.hipshop.com/scripts.html` : des scripts en mIRC.

C

Un .ircrc *commenté*

set FORMAT *%R* %H%N%*%#%S%B %@%C%+%Q%D %A%M%F%T%W ***

IRCii

Les lignes précédées par le caractère '#' ne doivent pas apparaître dans le fichier .ircrc. Cette partie ne concerne que les clients IRCii.

```
#
# La commande LOAD permet de charger des scripts supplémentaires.
#


# Charge le script '.repeat' se trouvant dans le répertoire '.irc' de l'utilisateur.
/LOAD  /.irc/.repeat


# Charge le script 'tabkey' se trouvant dans le répertoire d'installation de IRCii.
/LOAD tabkey


# Fixe la liste des personnes dont on souhaite être averti de leur connexion à IRC.
/NOTIFY Lutin CoinCoin JulZeJul Yyrkoon Ruzed


# On initialise quelques variables et quelques modes de fonctionnement.
/SET SHOW_CHANNEL_NAMES ON
/SET EIGHT_BIT_CHARACTERS ON
/SET CMDCHARS /.
/SET SCROLL ON
/SET CLOCK ON
/SET DISPLAY ON
/SET NOVICE OFF
```

```
/SET translation latin_1


#
# La commande ALIAS permet de définir des macro-commandes.
#


# Exemple : la commande /lf sera utilisée à la place de /lusers *.fr
/ALIAS LF /lusers *.fr
/ALIAS J /join #francais
/ALIAS lwho /who *u-bordeaux.fr
/ALIAS ky /msg kangouyen
/ALIAS lutin /msg lutin
/ALIAS jzj /msg julzejul


# On peut aussi définir des macro-commandes plus ambitieuses.


# Usage : /hunt Surnom Raison
/ALIAS hunt
{
/ME se lance sur sa proie.


# $0 et $1 désignent les arguments passés à la macro-commande.
# $C contient le nom du canal. Le tout kicke une personne d'un canal
# avec un message d'explication.
/KICK $C $0 $1


# Une pause de deux secondes.
/WAIT 2


/ME rentre bredouille $0 s'est échappé.
}
```

Bibliographie

Cette bibliographie donne une liste de livres et d'autres sources d'informations sur l'IRC.

1 Claude Berge - *Graphes et hypergraphes* - (Dunod Université).
Un ouvrage de référence sur la théorie des graphes. Utile pour comprendre les problèmes sous jacents à l'architecture en arbre des réseaux IRC.

2 Jean-Marie Rifflet - *La communication sous Unix* - (McGraw Hill, 1992).
Indispensable pour comprendre les mécanismes de communication entre serveurs IRC.

3 J. Oikarinen, D. Reed - *Internet Relay Chat Protocol* - (RFC 1459, 1993).
Le texte de référence décrivant le protocole *IRC*.

Index

— A —

— B —

— C —

— D —

— E —

— F —

— I —

— N —

— O —

— P —

— Q —

— R —

— S —

— T —

— U —

— V —

— W —

— Z —

La couverture de ce livre a été conçue par Hanna Dyer, à partir d'un concept élaboré par Edie Freedman. Cette image est une gravure du dix-neuvième siècle, issue du *Dover Pictorial Archive.* La maquette de la couverture a été créée sous Quark Xpress 3.3, avec la police Garamond ITC.

La mise en page a été réalisée en $\LaTeX2\varepsilon$ et compilée sous Linux 2.30, avec te$\TeX$ 0.4 pl6.

Liste de diffusion par messagerie électronique

Si vous souhaitez recevoir périodiquement les annonces de nouveaux produits O'Reilly, il vous suffit de souscrire un abonnement à la liste d'annonces

`parutions-oreilly`

Merci d'expédier en ce cas un message électronique à `majordomo@ora.de` contenant (dans le corps du message) :

```
subscribe parutions-oreilly votre_adresse_email (nom prenom)
```

Exemple :

```
subscribe parutions-oreilly jean.dupond@ici.fr (Jean Dupond)
```

Cette liste ne véhicule que des annonces et non des *discussions*, vous ne pourrez par conséquent pas y poster. Son volume ne dépassera pas quatre messages par mois.

En cas de problème technique écrire à

`parutions-oreilly-owner@ora.de`

Achevé d'imprimer
sur les presses de l'imprimerie IBP
à Fleury Essonne 91 - 01.69.43.16.16
Dépôt légal : juin 1997
N° d'impression : 6599